Jonathan M. Albrecht

Borderline-Persönlichkeitsstörung

Das Selbsthilfe Buch für Betroffene und Angehörige

Wie Sie Borderline erkennen, richtig damit umgehen und durch Selbstakzeptanz zu einem glücklichen Leben finden

INHALT

Vorwort

Das Borderline-Syndrom ist eine ernst zu nehmende Persönlichkeitsstörung, die für die Betroffenen wie auch ihre Partner, Freunde, Familienmitglieder, Kollegen und sonstigen sozialen Kontakte eine große Belastung darstellt. Das Leben der Erkrankten steht im Zeichen des Widerspruchs – Selbstliebe und Selbsthass, Fremdliebe und Fremdhass, Angst vor dem Alleinsein und Angst vor Nähe, Ruhelosigkeit und Wunsch nach Beständigkeit, überaus gute Stimmung und plötzliche Wut oder Niedergeschlagenheit. Und diesen Widerspruch bekommt das soziale Umfeld durch das Verhalten des Erkrankten zu spüren.

Teils so sehr, dass es ebenso leidet, wie der Betroffene selbst an seiner inneren Zerrissenheit fast zerbricht. Nicht immer ist das Borderline-Syndrom so schlimm, denn es gibt mehrere Schweregrade, aber einfach ist die Situation in keinem Fall.

Doch Borderline ist kein Schicksal, dem man sich fügen muss. Es handelt sich um eine psychische Störung, die darauf beruht, dass durch schlimme Erfahrungen negative Denkmuster entstanden sind. Denkmuster können jedoch verändert werden und Verhalten kann trainiert werden, ebenso wie der Umgang mit Gefühlen. Das heißt: Borderline kann besiegt werden, wenn man daran arbeitet.

Erfahren Sie in diesem Buch, anhand welcher Merkmale man das Borderline-Syndrom erkennen kann, wie es das Verhalten des Betroffenen beeinflusst und worin die Ursachen bestehen. Anhand ausführlicher Erfahrungsberichte erhalten Sie einen tieferen Einblick, wie sich die Störung auf das Leben des Erkrankten und seiner Mitmenschen auswirkt. Zudem bekommen Sie detaillierte Informationen über Therapiemethoden sowie Strategien zur Selbsthilfe.

Angehörige erfahren, wie sich das Borderline-Syndrom auf ihre eigene Psyche auswirken kann und lernen wertvolle Methoden für den Umgang und die Kommunikation mit Erkrankten kennen.

Im Bonuskapitel erwarten Sie motivierende Geschichten und Tipps, die Ihnen zeigen, auf welche Art man Borderline gemeinsam überwinden kann.

Disclaimer: Dieses Buch dient lediglich der Information und ersetzt in keiner Weise eine ärztliche oder psychotherapeutische Diagnose oder Behandlung. Es soll Ihnen einen genaueren Einblick in die Borderline-Persönlichkeitsstörung ermöglichen und Sie darüber informieren, wie Sie besser mit der Erkrankung umgehen können. Falls Sie diesen Ratgeber zur Selbsttherapie nutzen, geschieht dies auf Ihre eigene Verantwortung. Für die Wirksamkeit der Übungen und Richtigkeit der Informationen wird keine Gewähr übernommen. Wenn Sie sich schlecht fühlen, suchen Sie bitte einen Arzt oder Psychotherapeuten auf.

Was ist das Borderline-Syndrom?

Wer einigermaßen gut Englisch kann, bekommt schon eine leise Vorahnung, worum es sich beim Borderline-Syndrom handelt. „Borderline" bedeutet „Grenzlinie". Menschen mit dieser Erkrankung befinden sich demnach in einem Grenzbereich – und das gleich auf mehrere Arten.

EIN LEBEN IN ZERRISSENHEIT

Borderline-Erkrankte erleben ein ständiges, intensives Gefühlschaos, das von Widersprüchen geprägt ist. Sie sind überschwänglich, teils nah am Wasser gebaut und sehnen sich nach Liebe. Jedoch sind sie auch aufbrausend, können ihre Reaktionen nicht steuern und fühlen sich schnell angegriffen. Sie wünschen sich, verstanden zu werden und Menschen zu finden, denen sie wirklich vertrauen können. Aber sie können sich selbst kaum in andere hineinversetzen, beziehen alles auf sich und vermuten beim kleinsten Anlass, dass ihre Mitmenschen sie nicht mögen oder es schlecht mit ihnen meinen. Nach außen erscheinen sie oft selbstbewusst, erfolgreich und stark, doch innen drin fühlen sie sich schwach und unsicher.

Sie wissen nicht einmal, wer sie eigentlich sind, denn eine eigene Identität haben sie nie entwickeln können, oder sie haben diese ganz tief nach innen verdrängt und dort eingesperrt. Jetzt wird klar, warum das Borderline-Syndrom in die Kategorie der Identitätsstörungen bzw. Ich-Störungen fällt. Selbstverständlich hat ein Borderline-Erkrankter in seinem Inneren ein eigenes Ich, jedoch hat er zu ihm kaum oder keinen Kontakt. Daher benötigt er die Anerkennung seiner Mitmenschen, um zu fühlen, dass er eine Identität besitzt.

Kein Wunder also, dass im Kopf der Betroffenen ein ständiger Tumult herrscht, denn um selbstsicher und gelassen zu sein, muss man sich selbst kennen und lieben. Doch Borderline-Erkrankte lieben sich nicht, auch wenn sie in manchen Phasen selbstverliebt erscheinen. Im Gegenteil, eigentlich hassen sie sich. Und so vermuten sie, dass auch andere sie hassen, denn sie glauben tief in ihrem Unterbewusstsein, dass sie einfach nicht liebenswert sind. Daher zeigen sie gegenüber ihren Mitmenschen einerseits ein klammerndes, einengendes Verhalten und das

Bestreben, ihnen zu gefallen, während sie andererseits durch Wutausbrüche, Vorwürfe, Trennungsandrohungen und Ähnliches die geliebten Personen von sich wegstoßen.

Das Gefühl, nicht geliebt werden zu können, und gleichzeitig der innige Wunsch, echte Liebe zu erfahren, bilden die beiden Hauptpole des Denkens und Fühlens. Sie reißen von zwei Seiten an dem Betroffenen, bis er es nicht mehr aushalten kann und förmlich explodiert. Extreme Gefühlsausbrüche, sowohl in Form von Wut als auch von Kummer, gehören zum charakteristischen Verhalten von Menschen mit Borderline-Syndrom. Ebenso charakteristisch ist es, dass Betroffene die Geschehnisse, ihr eigenes Verhalten und das ihrer Mitmenschen ganz anders wahrnehmen, als es in Wirklichkeit ist. Die Welt verändert sich, je nachdem, in welchem Gefühlszustand sich der Erkrankte befindet.

Das Gegenüber fühlt sich bei alldem wie vom Donner gerührt. Eben war noch alles gut und wir haben gelacht, warum schreit er mich jetzt an? Gerade noch waren wir ein Herz und eine Seele, warum behandelt er mich jetzt wie seinen ärgsten Feind? Vor ein paar Minuten hat er noch wutentbrannt mit Sachen geworfen, warum weint er jetzt? Was kann ich tun, um zu verhindern, dass er sich von mir beleidigt, angegriffen oder hintergangen fühlt? Und warum behauptet er steif und fest Dinge, die erwiesenermaßen nicht wahr sind? Wer die Krankheit nicht versteht, fühlt sich oft komplett überfordert und entwickelt teils selbst psychische Probleme, wenn er sich für den Betroffenen verantwortlich fühlt oder ein geringes Selbstbewusstsein hat. Borderline ist sowohl für den Erkrankten selbst als auch für seine Mitmenschen eine extreme Herausforderung.

STRUKTUR DER KRANKHEIT

Der Begriff „Borderline-Syndrom“ bzw. „Borderline-Persönlichkeitsstörung“ kommt jedoch eigentlich daher, dass diese Erkrankung sowohl Aspekte einer Neurose als auch einer Psychose beinhaltet. Neurosen sind psychische Störungen, bei denen sich der Betroffene bewusst ist, dass mit seinem Verhalten etwas nicht stimmt. Er merkt, dass er gewisse Denk- und Verhaltensmuster hat, die schädlich für ihn sind, aber fühlt sich nicht in der Lage, sie zu ändern. Bei einer Psychose hingegen glaubt der Betroffene, dass er vollkommen gesund sei. Er sieht nicht ein, dass er selbst eine Störung hat, sondern meint, dass diejenigen, die seine Ansichten nicht teilen und sein Verhalten nicht normal finden, in Wahrheit die Erkrankten sind. Psychosen sind sehr viel tiefer im Unterbewusstsein verankert und demnach auch schwerer therapierbar, zumal der Betroffene nicht versteht, dass er eine Therapie benötigt.

Borderline-Erkrankte zeigen unterschiedlich starke Symptome, sodass die Erkrankung in acht Stufen untergliedert wird. Je niedriger die Stufe ist, desto mehr ähnelt sie einer Neurose, und je höher sie ist, desto psychotischer wird sie. Mit steigender Stufe verlieren die Betroffenen also immer mehr den Kontakt zur Realität und ihre Einsicht in ihre Störung. Das hat zur Folge, dass sie ihr Verhalten immer weniger steuern können. Gleichzeitig werden die Symptome schlimmer, doch das merken sie selbst nicht. Sie steigern sich in ihre eigene Wahrnehmung hinein und ihre Launen werden immer unvorhersehbarer und intensiver. Das Umfeld verzweifelt oft daran, dass der Erkrankte auf seiner verzerrten Sicht der Dinge beharrt und für keinerlei Argumentation zugänglich ist. Dies kommt auch auf niedrigen Stufen bereits vor, jedoch handelt es sich dann meist nur um kurze Phasen, nach denen der Betroffene reumütig wird und selbst nicht verstehen kann, wie er alles so falsch sehen und sich so impulsiv und respektlos verhalten konnte. Je höher die Stufe wird, desto öfter und länger werden die Phasen, in denen der Erkrankte keinen Zugang zur wahren Realität findet und sich von allen angegriffen fühlt, die etwas anders sehen als er. Zugleich steigt die innere Zerrissenheit, der Betroffene verliert immer mehr den Kontakt zum eigenen Ich und erlebt immer heftigere Emotionen.

Sein Zustand kann so schlimm werden, dass er darüber nachdenkt, sich umzubringen, oder tatsächlich Suizid begeht. Die Selbstmordrate liegt bei fünf bis zehn Prozent der Erkrankten, wobei die höchste Gefahr unter jungen Erwachsenen besteht. Die Anzahl der Menschen, die in Deutschland insgesamt an Borderline leiden, soll bei ungefähr zwei Prozent der Bevölkerung liegen. Wie aussagekräftig diese Zahl ist, darf man jedoch anzweifeln, denn um von der Statistik erfasst zu werden, muss man sich erst einmal auf den Weg zum Psychologen oder Psychotherapeuten machen. Dies geschieht meist erst, wenn der Leidensdruck für den Betroffenen und/oder das Umfeld erheblich wird. Es ist also zu vermuten, dass die tatsächliche Zahl der Erkrankten höher liegt, insbesondere auf den niedrigeren Stufen.

MERKMALE & DIAGNOSE

Jeder hat mal gute und mal schlechte Tage, jeder hat mal eine andere Sichtweise und beharrt darauf, ob sie der Realität entspricht oder nicht, und jeder reagiert mal unangemessen heftig. Auch sind sich die meisten Menschen nicht komplett mit sich selbst einig und schwanken somit nicht nur in ihren Interessen, sondern auch in ihren Stimmungen. Zudem können Stress, hormonelle Umstellungen oder Medikamente zu einem impulsiveren, unkontrollierteren Verhalten führen. Und manche Menschen haben einfach mehr Temperament als andere. Das Verhalten von Menschen mit Borderline-Störung erscheint also gar nicht so ungewöhnlich, und in der Tat ist es oftmals schwer zu erkennen, ob Borderline oder ein „normaler" Grund für das Benehmen vorliegt. Außerdem weist Borderline einige Parallelen mit anderen psychischen Störungen wie zum Beispiel Depressionen, Suchterkrankungen, Narzissmus, Schizophrenie oder krankhafter Eifersucht auf.

Wie kann man also sicher sein, ob die Borderline-Persönlichkeitsstörung vorliegt oder nicht? Das kann nur ein Psychologe oder Psychotherapeut herausfinden. Er analysiert die Denk- und Verhaltensstrukturen des Betroffenen und beurteilt anhand einer Liste von Kriterien, ob es sich um Borderline handelt. Die Merkmale sind durch ein internationales Verzeichnis psychischer Störungen vorgegeben. Laut „Diagnostic and Statistical Manual of Mental Disorders" (kurz „DSM-IV") müssen mindestens fünf der nachfolgend erklärten neun Kriterien gegeben sein. Die Auflistung können Sie auch zu einer ersten Selbsteinschätzung bzw. gegebenenfalls Einschätzung Ihres Angehörigen verwenden. Markieren Sie sich die Punkte, die stark zutreffen, mit einer Farbe und solche, die schwach zutreffen, mit einer anderen Farbe. Eine psychologische Diagnose ersetzt dies jedoch nicht!

1. Der Betroffene hat große Angst vor dem Alleinsein, sodass er sich verzweifelt darum bemüht, dies zu vermeiden. Das Alleinsein kann dabei in der Realität oder auch nur in seiner Vorstellung bestehen. Wenn ein Borderline-Erkrankter zum Beispiel ein paar Stunden lang von seinem Partner keine Antwort auf eine Textnachricht bekommt, denkt er unter Umständen, dass sein Partner sich nicht für ihn interessiert oder ihn gerade betrügt. Oftmals ist es schwer für ihn, etwas allein zu unternehmen oder allein zu Hause zu bleiben, selbst wenn er vorher gesagt hat, dass das für ihn in Ordnung sei.

Aus seiner Verzweiflung heraus sucht er teils mehr Kontakt zu seinen Mitmenschen, als diese möchten, indem er zum Beispiel etliche Nachrichten sendet, zig Male anruft oder einfach ohne Verabredung vor der Tür steht. Reagiert man dann nicht freundlich und verständnisvoll, ist das für ihn ein Zeichen, dass man nichts mit ihm zu tun haben möchte. Tatsächliche und auch eingebildete Einsamkeit versucht er außerdem zu umgehen, indem er zu vielen verschiedenen, gegebenenfalls auch unbekannten Menschen Kontakt sucht. Das kann so weit gehen, dass er seinen Partner betrügt, weil er denkt, dass dieser ihn ohnehin verlassen will.

2. Zwischenmenschliche Beziehungen sind sehr intensiv, aber zugleich instabil. Da der Betroffene sich sehr stark nach Liebe sehnt, hat er ein großes Bedürfnis nach Zuneigung und gemeinsamer Zeit. In einer Beziehung ist ihm zudem Sex sehr wichtig und wenn man nicht auf seine ständigen Annäherungsversuche eingeht, fasst er dies als mangelnde Liebe auf. Borderliner haben starke Gefühle für ihre Partner, Verwandten und Freunde und entwickeln auch zu beruflichen Kontakten eine große Verbundenheit. Sie hoffen immer, bei ihren Mitmenschen die intensive, dauerhafte Liebe und Anerkennung zu finden, nach der sie sich so sehr sehnen. Sie vertrauen schnell und hängen ihr Herz im Handumdrehen an eine Person. Diese ist für sie zunächst der wunderbarste Mensch auf der Welt und sie glauben fest daran, nun endlich wirklich von jemandem verstanden und geliebt zu werden.

Gleichzeitig ist da jedoch auch immer ein großes Misstrauen in ihrem Inneren, das sie zu widersprüchlichem Verhalten treibt. Sie erwarten von ihren Mitmenschen, dass diese immer für sie da sind und zu 100 Prozent zu ihnen stehen, und sie glauben von sich selbst auch, dass sie sich ebenso verhalten. Tatsächlich aber schwanken sie hin und her. Sie wollen an die wunderbare Einigkeit glauben und tun dies phasenweise auch, aber in anderen Phasen distanzieren sie sich von dem geliebten Menschen, beanspruchen Freiraum und werfen dem anderen vor, sie zu sehr einzuengen. Dies geschieht insbesondere, wenn die andere Person Kritik übt, keine Zeit hat oder sich in anderer Weise nicht so verhält, wie der Borderliner es möchte. Dann ist er beleidigt, macht Vorwürfe, wird wütend, meldet sich nicht oder droht damit, sich zu trennen bzw. den Kontakt abzubrechen.

Je näher das Verhältnis ist, desto intensiver und instabiler ist es meist. Mancher Partner eines Borderliners ist jeden zweiten Tag Single. Manche Angehörigen haben das Gefühl, dass sie es mit zwei ganz unterschiedlichen Menschen zu tun haben, und wissen nicht, ob sie sich auf den „Guten“ wirklich verlassen können. Oftmals halten die Mitmenschen dieses Hin und Her nicht aus, sodass sie den Kontakt je nach Verhältnis einstellen oder verringern. Aber auch der Erkrankte selbst trennt sich unter Umständen von geliebten Personen, wenn sich die Vorstellung, dass diese ihn gar nicht wirklich gernhaben, in ihm verfestigt, oder aber, um sich die Kontrolle über die Beziehung zu verschaffen. Nicht selten kommt es dann vor, dass der Borderliner später wieder Kontakt aufnimmt oder darauf hofft, dass die andere Person sich um ihn bemüht.

3. Der Erkrankte hat eine nicht gefestigte Identität und ihm fehlt das Gefühl für sich selbst. Wie bereits erwähnt, handelt es sich beim Borderline-Syndrom um eine Identitätsstörung, sodass der Betroffene kein eigenes, stabiles Ich hat. Er schwankt in seinem Denken, Fühlen und Verhalten und ist darin stark abhängig von dem Verhalten seiner Mitmenschen. Ihr Verhalten bezieht er auf sich, auch wenn es dabei gar nicht um ihn geht. Zum Beispiel vermutet er, wenn ein Freund zu spät zu einer Verabredung kommt, dass dieser sich gar nicht wirklich mit ihm treffen möchte oder keinen Respekt für ihn hat. Ob die Verspätung zum Beispiel durch einen Stau oder eine ausgefallene Bahn entstanden ist, ist ihm gleichgültig, denn er meint, dann hätte der Freund eben früher losfahren müssen.

Durch die fehlende innere Stabilität kann der Borderliner nicht unterscheiden, was sich auf ihn bezieht und was nicht, und da er unbewusst auf der Suche nach sich selbst ist, steht er selbst im Zentrum seines Denkens und Fühlens. Zudem kann er sich schwer in andere hineinversetzen, denn er sieht deren Verhalten immer so, wie er es aus seiner Sicht deutet. Darüber hinaus strebt er nach Anerkennung, sodass er zum einen eine große Hilfsbereitschaft zeigt, aber das Ziel dabei die Dankbarkeit der anderen ist. Bekommt er - nach seinem Empfinden - nicht genügend Dank oder Anerkennung, wird er entweder wütend oder traurig, weil er denkt, dass er nur ausgenutzt wird und niemand ihn versteht. Ein weiteres Problem ist, dass der Erkrankte sich selbst nicht richtig spürt. Er kann seine Gefühle nicht einordnen und nicht kontrollieren, er fühlt sich haltlos und hilflos. Teils hat er sogar das Gefühl, nicht wirklich in seinem Körper zu sein.

4. Der Betroffene ist extrem impulsiv und kann seine Bedürfnisse und die Folgen seines Handelns weder steuern noch überschauen. Das führt einerseits zu spontanen, intensiven Gefühlsreaktionen und dazu, dass er sich nicht gedulden kann, bis er zum Beispiel etwas zu essen bekommt oder jemand ihm auf eine Nachricht antwortet, andererseits verleitet es ihn auch zu riskantem, sich selbst und/oder andere gefährdendem Verhalten. Zum Beispiel trinkt er über die Maßen Alkohol, raucht, nimmt Drogen oder hat Fressanfälle. Er kann nicht unterscheiden, was und wie viel von einer Sache sein Körper vertragen kann und ab wann es schädlich wird. So übertreibt er es beispielsweise auch mit Sex oder Sport, oder er übt riskante Arten davon aus.

Auch in anderen Bereichen kann sich das impulsive Verhalten jedoch schädlich auswirken. Zum Beispiel kauft sich der Erkrankte Unmengen von Sachen, die er gar nicht benötigt, und gibt dafür viel zu viel Geld aus, oder er wird süchtig nach Computer- oder Glücksspielen. Auch beispielsweise eine Putz- oder Arbeitssucht kann vorkommen. Für andere wird sein unkontrolliertes Verhalten insbesondere gefährlich, wenn der Erkrankte sich im Straßenverkehr rücksichtslos verhält, zum Beispiel mit dem Auto rast, riskante Manöver mit dem Zweirad fährt, anderen die Vorfahrt nimmt, rote Ampeln missachtet oder als Fußgänger einfach zwischen den Fahrzeugen über die Straße läuft.

5. Der Erkrankte zeigt suizidale Tendenzen und/oder selbstschädigendes Verhalten. Letzteres besteht nicht nur in den bereits unter 4. genannten schädlichen und riskanten Verhaltensweisen, sondern auch in Selbstverletzungen. Betroffene schneiden sich zum Beispiel mit Rasierklingen in die Haut, drücken sich Zigaretten auf den Unterarmen aus, schlagen sich mit harten Gegenständen oder laufen gegen eine Wand. Auch unachtsames Verhalten beim Werkeln, im Haushalt oder beim Sport, das immer wieder zu Verletzungen führt, kann ein Hinweis sein. Das Ziel der Selbstverletzungen ist nicht, sich zu schaden, sondern sich selbst zu spüren. Indem sie den Schmerz fühlen und das Blut oder die Blessuren sehen, merken sie, dass sie wirklich existieren. Es ist ein Weg, um einen Kontakt zur eigenen Identität herzustellen. Durch selbst gefährdendes oder selbstverletzendes Verhalten bauen die Erkrankten zudem ihren inneren Druck ab. Sie fühlen sich hinterher für eine Weile ruhig und entspannt, erleben den Zustand der Verletzung sogar als positiv, haben danach mehr Energie und sind teils kreativer. Etwas ganz anderes sind Suizidandrohungen und -versuche.

Hierbei handelt es sich um Verzweiflungstaten, die Betroffenen wissen nicht mehr weiter. Sie kommen mit sich selbst nicht zurecht, fühlen sich von allen ungeliebt und unverstanden und können den Zustand der extremen inneren Zerrissenheit nicht mehr ertragen. Ob sie wirklich nicht mehr leben wollen oder ob es sich um verzweifelte Hilferufe an ihre Mitmenschen handelt, sei dahingestellt. Auch ist nicht auszuschließen, dass ein Erkrankter auf diese Art seine Angehörigen unter Druck setzen möchte, um mehr Aufmerksamkeit und Zuneigung zu bekommen.

6. Es treten starke und häufige Stimmungsschwankungen auf. Der Betroffene ist sehr emotional, im Guten wie im Schlechten. Zum Beispiel freut er sich riesig über Kleinigkeiten, umarmt seine Mitmenschen überschwänglich oder ist voller Elan bei der Arbeit, aber dann regt er sich unangemessen über etwas absolut Nichtiges auf, fällt in sich zusammen, weint oder starrt trübsinnig vor sich hin. Charakteristisch ist nicht bloß das Auftreten intensiver Emotionen, sondern diese wechseln sich in kürzeren oder längeren Phasen ab, wobei die Veränderung ganz plötzlich und ohne von außen erkennbaren Grund eintritt. Zum Beispiel sitzt man gerade gemütlich beim Abendessen, die Stimmung ist harmonisch und alles scheint gut zu sein, doch dann kippt man aus Versehen ein Glas um und alles ändert sich. Urplötzlich ist der Erkrankte wie ausgetauscht, ist extrem verärgert, schreit herum, macht Vorwürfe und wird unter Umständen sogar körperlich aggressiv. Dann steigert er sich in diesen Zustand hinein, bis er entweder in Niedergeschlagenheit oder kaltes, zynisches Verhalten übergeht. Kurz darauf kann schon alles wieder in Ordnung sein und der Erkrankte macht Komplimente und Geschenke. Teils entschuldigt er sich, teils kann er sich nicht an seine Ausbrüche erinnern, teils rechtfertigt er diese auch und wird wiederum wütend, wenn man mit ihm darüber sprechen will.

„Gute" und „schlechte" Phasen können über längere Zeit andauern und dann von einem Moment auf den anderen enden, sie können sich aber auch innerhalb weniger Stunden mehrfach abwechseln. In Phasen der Niedergeschlagenheit, Wut, Reizbarkeit, Angst oder einer sonstigen negativen Emotion ist der Betroffene kaum ansprechbar und nicht aufnahmefähig für vernünftige Argumente. Alles, was man sagt und tut, wird negativ gedeutet, weil seine Stimmung es nicht anders zulässt. Es kann auch sein, dass er in „guten" Phasen das Verhalten und die Worte anderer Menschen positiv deutet, jedoch ist die Wahrscheinlichkeit höher, dass durch etwas, das er im Unterbewusstsein gegen sich auffasst, eine negative Stimmungsveränderung ausgelöst wird. Ein Wort oder ein Blick kann mitunter reichen, um den Vulkan zum Ausbruch zu bringen. Die emotionale Instabilität führt außerdem dazu, dass Betroffene eine niedrige Stresstoleranz besitzen. Es bringt sie bereits zur Verzweiflung oder in große Nervosität, wenn sie auf dem Weg zur Arbeit in einen Stop-and-go-Verkehr geraten, zwei Menschen sie gleichzeitig um etwas bitten oder sich die gerade neu gekauften Gardinen als zu kurz erweisen.

7. Betroffene empfinden ein ständiges Gefühl der inneren Leere. Das bedeutet, dass sie mit sich selbst nichts anzufangen wissen und somit stets eine äußere Beschäftigung benötigen, beispielsweise durch Gespräche mit anderen Menschen, Unternehmungen, Tätigkeiten im Haushalt oder Fernsehen. Es fällt ihnen dabei mitunter schwer, eigene Ideen zu entwickeln, und so erwarten sie von ihren

Mitmenschen, dass diese sie unterhalten. Oftmals sind sie dennoch unzufrieden und wollen immer mehr oder etwas anderes, denn sie empfinden schnell Langeweile. Ihren Mitmenschen kommt es vor, als könnte man Borderline-Erkrankten nichts recht machen. Es scheint, als ob diese immer etwas Bestimmtes erwarten, nur nicht das, was man tut. Fragt man sie jedoch, behaupten sie meist, dass sie gar nichts erwarten. In „guten" Phasen können sie allerdings manchmal auch genügsam sein und schöne Momente genießen, selbst wenn kein besonderes „Entertainment" stattfindet.

8. Der Erkrankte neigt zu Wutanfällen und unangemessenem Ärger. Wie bereits erwähnt, können Borderliner ihre Gefühle schwer kontrollieren und fassen das Verhalten ihrer Mitmenschen schnell als persönlichen Angriff oder Respektlosigkeit auf. Darüber hinaus bringen auch Geschehnisse, die nicht von anderen Menschen ausgelöst werden, aber die nicht ihren Wünschen entsprechen, sie durcheinander. Erkrankte reagieren darauf oftmals mit heftiger Wut, die der Größe des Geschehnisses nicht angemessen ist. Zum Beispiel fahren sie sofort aus der Haut, wenn man sie sachlich kritisiert oder versehentlich einen Teller fallen lässt. Widerspricht man ihnen oder verhält sich anders, als sie es erwarten, reagieren sie extrem beleidigt, machen abfällige Bemerkungen und Gesten oder werden handgreiflich. Es scheint, als hätten sie ihren größten Feind erblickt, und tatsächlich denken die Erkrankten in solchen Fällen, dass ihre Mitmenschen sie angreifen oder erniedrigen wollen. Statt der extremen, aggressiven Wut oder im Anschluss an diese kann es zu längeren Phasen des Grolls kommen, in denen der Erkrankte die „kalte Schulter" zeigt und bei jeder kleinsten Gelegenheit sofort wieder in die Luft geht.

9. Es liegen paranoide Vorstellungen und/oder dissoziative Symptome vor. Das heißt, der Betroffene nimmt die Realität anders wahr, als sie wirklich ist. Er entwickelt beispielsweise Wahnvorstellungen, dass ein bestimmter Mensch oder alle es „auf ihn abgesehen" haben, ihn zum Beispiel aus dem Job mobben wollen oder ihm sogar nach dem Leben trachten, dass sein Partner ihn betrügt oder dass seine Freunde gegen ihn intrigieren. Paranoia kennt man auch unter dem Begriff „Verfolgungswahn". Der Betroffene ist extrem misstrauisch und versucht, sich gegebenenfalls auch gegen die vermeintlichen Angriffe zu schützen, was im harmlosen Fall bedeutet, dass er den Kontakt zu den betreffenden Menschen einfach meidet, aber es kann auch sein, dass er versucht, ihnen zu schaden, zum Beispiel durch ständige Herabsetzungen, tätliche Angriffe oder Verleumdungen. Der Erkrankte weiß nicht, dass er den Menschen Unrecht tut, denn er nimmt sie als die „Bösen“ wahr und denkt, dass er sich lediglich berechtigt zur Wehr setzt.

Dissoziative Symptome sind harmloser als paranoide Vorstellungen, jedoch ebenfalls problematisch. Sie bedeuten, dass der Betroffene seine Wahrnehmungen nicht richtig sortieren und erinnern kann, sodass die Realität verschwimmt. Zeiten, Orte und Geschehnisse verändern sich mitunter in seinem Gedächtnis, und zwar oftmals so, wie es gerade am besten in seine Stimmung passt. Beispielsweise war er nach seiner Meinung immer für einen Freund da, während dieser sich nie um ihn gekümmert hat, obwohl der Freund in Wahrheit mindestens ebenso viel für den Erkrankten getan hat. An einem anderen Tag ist der betreffende Freund angeblich der beste Mensch auf Erden, weil man sich immer so auf ihn verlassen kann, und der Erkrankte sieht sich selbst als ungenügend. Möglich ist aber auch, dass Streit um Kleinigkeiten wie zum Beispiel die angeblich bevorzugte Kaffeesorte oder den angeblichen Lieblingssong des Partners entsteht. Versucht man, dem Erkrankten zu erklären, wie die Realität wirklich aussieht, zeigt er zumindest im Moment keine Einsicht, sondern beharrt steif und fest auf seiner Sicht der Dinge.

Die fünf oder mehr vorliegenden Merkmale müssen nicht alle gleich stark ausgeprägt sein. Vielmehr ist auch ein schwach ausgeprägtes Merkmal als Symptom der Erkrankung zu werten. Zudem ist die Intensität der Symptome je nach Stufe unterschiedlich. Auf den niedrigeren Stufen fällt das Verhalten kaum auf, während es auf den höheren Stufen das ganze Leben des Betroffenen und seiner Angehörigen prägt. Mit steigender Stufe können auch mehr Symptome hinzukommen. Selbst auf der niedrigsten Stufe müssen jedoch mindestens fünf Merkmale vorliegen, auch wenn sie nur sehr schwach ausgeprägt sind. Darüber hinaus unterscheidet man in zwei Typen der Störung. Beim einen Typus steht das impulsive, aggressive Verhalten im Vordergrund, während der andere in erster Linie von instabilen Beziehungen geprägt ist. Der impulsive Typ kann trotzdem instabile Beziehungen haben, wie auch der instabile Beziehungs-Typ impulsiv und aggressiv sein kann, jedoch treten die jeweils bezeichnenden Merkmale am auffälligsten hervor.

So wirkt sich die Erkrankung aus: Erfahrungsberichte von Betroffenen

Zur besseren Veranschaulichung, wie sich die Borderline-Störung auf das Verhalten und das Leben des Erkrankten auswirkt und welche Konsequenzen das für seine Mitmenschen und deren Leben hat, erzähle ich Ihnen in diesem Kapitel neun Geschichten von Familien, Partnerschaften, Freundschaften, Nachbarschaften und Kollegenkreisen, in denen jeweils ein Borderline-Fall vorkommt. Da die Erkrankten in den betreffenden Fällen noch keine Einsicht in ihre Störung haben, sind die Situationen aus der Sicht ihrer Mitmenschen geschildert.

1. ERFAHRUNGSBERICHT

Jan ist 17 Jahre alt, besucht das Gymnasium und ist ein wirklich guter Schüler. Er ist intelligent, sportlich und bei allen beliebt. Von Natur aus ist er ein ruhiger, gelassener Typ, den so leicht nichts umhaut und der alles im Griff zu haben scheint. Seine Familie ist wohlhabend, sein Vater hat ein eigenes Garten- und Landschaftsarchitekturbüro. Die Familie besitzt ein schönes Haus mit einem noch schöneren Garten. Auch ein Hund gehört dazu. Es fehlt an nichts. Jans Mutter ist auch sehr ruhig, gelassen und liebevoll. Sie arbeitet ebenfalls für das Architekturbüro. Sein zwei Jahre älterer Bruder Jörn ist vor Kurzem ausgezogen und studiert in einer anderen Stadt. Und da ist auch noch Jans gute Oma, die Mutter seines Vaters. Sein Opa väterlicherseits ist früh gestorben, Jan kennt ihn nicht. Die Eltern von Jans Mutter wohnen weit weg, man sieht sich nur an hohen Feiertagen. Nun würde jeder denken: „Das ist doch eine ganz normale Familie ohne große Probleme.“ So könnte es sein, wenn da nicht noch etwas wäre: das seltsame und launische Verhalten von Jans Vater.

Schon seit Jan ein kleines Kind war, erinnert er sich an Streitereien zwischen seinen Eltern, deren Ursachen er sich nicht erklären konnte. Auch sein Bruder Jörn geriet das eine oder andere Mal in die Schusslinie. Er hat es nach dem Abitur keine Sekunde länger zu Hause ausgehalten und lässt sich nur noch selten blicken. Aber was genau ist da los? Wie gesagt, Jans Vater ist zumindest zeitweise extrem launisch und es scheint so, als ob es immer schlimmer würde. Nur Jan scheint er bisher aus irgendwelchen Gründen zu verschonen. Bei den geringsten Anlässen reagiert Jans Vater gestresst und sogar aggressiv, schreit Jans Mutter und die Oma an, sogar den Hund. Aber aus Jans Sicht hat ihm niemand etwas getan.

Doch sein Vater scheint sich angegriffen zu fühlen. Er sieht sich als denjenigen an, der die ganze Zeit nur arbeitet, und alle sollen ihm dankbar sein. Dabei halst er sich selbst teilweise unnötig viel Arbeit auf. Er scheint ohne die Arbeit nicht ausgefüllt zu sein. Wenn er sich gerade mal wieder „entladen" hat, Jans Mutter und Oma weinen und der Hund sich verkrümelt hat, spricht er erst tagelang kaum ein Wort und kann niemandem in die Augen schauen, am allerwenigsten Jan. Schließlich sitzt er selbst wie ein Häufchen Elend in der Ecke, bevor er dann plötzlich mit Geschenken ankommt, wie ausgewechselt erscheint und sich entschuldigt. Aber diese Stimmung hält meist nicht lange vor, dann kommt der nächste Anfall. Und was Jan langsam, aber sicher noch merkwürdiger erscheint, ist, dass sein Vater immer häufiger kleine „Arbeitsunfälle" hat. Kratzer, Wunden, blau geschlagene Fingernägel. Jan schwant Böses. Er spricht mit den Eltern seines besten Freundes darüber, sie sind Psychologen. Den schlimmen Verdacht wollen sie so nicht bestätigen, raten Jan aber dazu, seinen Vater zu motivieren, sich psychologisch beraten zu lassen, bevor sein Leben und das der anderen kaputtgeht.

Wie gesagt, aus welchen Gründen auch immer, Jan scheint einen „Freibrief" bei seinem Vater zu haben. Er nimmt seinen ganzen Mut zusammen und bittet seinen Vater, die Möglichkeit zur psychologischen Beratung wahrzunehmen. Ist er zu weit gegangen? Jans Vater dreht vollkommen durch und brüllt laut durch den Garten: „Willst du mir jetzt auch noch in den Rücken fallen? Ich dachte, du wärst auf meiner Seite! Was soll ich beim Psychologen?! Ich bin normal! Ihr macht mich nur verrückt! Geht ihr doch zum Psychologen!" Anschließend wirft er noch einen Ast in Jans Richtung, grüßt höflich und nett die Nachbarn und verzieht sich in den Hobbykeller. Jan hört es hämmern und fluchen. Er bleibt ruhig, wie er nun einmal ist, und geht mit einer Tube Sportverletzungssalbe und Pflastern hinterher. Wird benötigt. Sein Vater schaut fröhlich auf seine blauen Fingernägel und sagt zu Jan: „Entschuldige bitte, mein Lieber, aber wie kannst du nur so etwas zu mir sagen?" Jan sagt nichts und überlegt, ob er Psychologie oder Medizin studieren sollte, aber eigentlich wollte er doch auch Architekt werden.

So geht es nicht weiter. Jan, mit seinen 17 Jahren einen halben Kopf größer als sein Vater und ein Fels in der Brandung, will und muss etwas unternehmen. Seine nächste Anlaufstation ist seine Oma. Vielleicht weiß sie, warum Jans Vater so komisch reagiert. Die Ursache könnte in der Kindheit liegen. Vielleicht hat es ja etwas mit dem frühen Tod seines Opas zu tun. Seine Oma will zuerst nicht darüber reden, aber dann tut sie es doch: „Du weißt doch, Jan, dass dein Opa schon in der Kindheit von deinem Papa gestorben ist. Was du vielleicht nicht weißt, ist, dass dein Opa als Radfahrer bei einem ganz schlimmen Unfall gestorben ist. Dein Opa war ebenso wie du sehr groß, durchtrainiert und sportlich. Er ist bei einem Radrennen verunglückt.

Dein Papa war zehn Jahre alt. Er hat deinen Opa über alles geliebt. Die beiden waren ein Herz und eine Seele. Nach dem Tod von deinem Opa war dein Papa wie ausgewechselt, bekam diese Launen, die du jetzt kennst. Er hat sich dann nur noch um seine Karriere gekümmert, und natürlich später um euch. Er ist ein guter Mensch, aber er kann den Schock einfach nicht überwinden. Und nun weißt du auch, warum er dich mit seinen Launen verschont. Du siehst wirklich genau aus wie dein Opa. Durch dich hat er einen Teil von seinem geliebten Vater zurückbekommen. Aber nutz' das lieber nicht aus, sonst wendet er sich vielleicht auch noch von dir ab.“ Gut, denkt Jan, nun weiß ich wenigstens Bescheid, aber wie kann ich meinem Vater helfen?

2. ERFAHRUNGSBERICHT

Julia (27 Jahre) ist Lehrerin für Englisch und Französisch an einer Gesamtschule ihrer kleinen Stadt. Sie hat die Stelle erst vor Kurzem angetreten und freut sich über ihre Anstellung, ihre neuen Aufgaben und die neue kleine Stadt, in der sie jetzt wohnt. Fast auf dem Land, idyllisch. Sie hat eine schöne Wohnung in einer sympathischen Nachbarschaft gefunden und beginnt, sich einzugewöhnen. Julia ist ein sehr gelassener Typ. Das muss sie als Lehrerin auch sein. Außerdem sind ihre Eltern Psychologen, sie weiß also von Kindheit an, wie man auch mit schwierigsten Situationen umgeht. Sie kommt im Allgemeinen mit allen Menschen gut zurecht. Das mag daran liegen, dass sie ein echter „Kumpeltyp“ ist, humorvoll und mit Spaß am Leben. Sie ist noch Single, hat aber überhaupt kein Problem damit. Sie ruht in sich und ist ganz zufrieden mit ihrem Leben, wie es ist. Jedenfalls bis jetzt ...

Bei ihrem Einzug in ihre neue Wohnung vor einigen Wochen ist ihr aufgefallen, dass aus der Wohnung neben ihr ziemlich viel Zigaretten- und Alkoholgeruch kommt. Sie hört auch oft eine weibliche Stimme laut reden, wobei nicht nur schöne

Dinge gesagt werden. Es wird auch geflucht und geweint – und das sehr oft. Da wohnt offensichtlich jemand mit einem handfesten Problem, denkt Julia. Aber bisher hat sie die Nachbarin noch nie gesehen. Die anderen Nachbarn möchte sie nicht fragen, was da los ist. In der Wohnung unter ihr wohnt ein netter junger Mann, ungefähr in ihrem Alter. Ihn spricht sie dann doch darauf an. Er sagt nur: „Sei vorsichtig. Sie ist wirklich seltsam. Lass dich besser nicht darauf ein. Mehr sage ich nicht dazu." Ja, gut, nun ist Julia eigentlich nicht schlauer als vorher, aber zumindest hatte sie ein nettes Gespräch mit ihrem Nachbarn.

Dann, an einem der folgenden Tage, prallt sie auf dem Treppenabsatz regelrecht mit ihrer Nachbarin zusammen. Komisch, denkt Julia, hat sie gewartet, bis ich aus meiner Tür komme? Die Nachbarin riecht stark nach Zigarettenrauch und auch ein bisschen nach Alkohol. Sie ist deutlich übergewichtig und vom Alter her überhaupt nicht einzuschätzen. Die Frau sagt, dass sie Andrea heißt und dass sie beide wohl in einem Alter sind. Julia stellt sich auch kurz vor und sagt ihr Alter. „Ja", antwortet Andrea, „siehst du, ich bin 28." Und ganz wichtig sagt sie dann noch, dass sie jetzt ganz schnell ins Büro muss und eigentlich überhaupt keine Zeit hat. Gut, denkt Julia, die in ihre Schule muss, umso besser.

Abends klingelt es an ihrer Tür. Julia hofft, dass es ihr netter Nachbar von unten ist. Doch nein, mitnichten, es ist Andrea, die mit einem Kuchen und einer Flasche Wein vor der Tür steht. Und mit Zigaretten. Bevor Julia die Nachbarin, die offensichtlich Einlass begehrt, in ihre Wohnung lässt, sagt sie höflich, aber bestimmt, dass die Zigaretten bitte draußen bleiben müssen. Julia will keinen Zigarettenrauch in ihrer Wohnung haben, zumal sie als Kind Asthma hatte. Andrea zieht ein beleidigtes Gesicht, ist aber folgsam.

Der Abend beginnt. Julia isst nicht oft Kuchen, besonders nicht abends, und trinkt auch keinen Alkohol. Aber gut, der Kuchen schmeckt und ein kleines Glas Wein soll ja auch gesund sein. Julia hat schnell noch Kaffee gekocht. Den braucht sie auch, denn erstens ist sie müde und zweitens redet ihre Nachbarin wie ein Wasserfall. In einem sich endlos anfühlenden Zeitraum erzählt sie Julia von allen möglichen Schwierigkeiten in ihrem Leben, welchen Ärger sie mit ihren Kollegen hat und wie undankbar doch die Menschen sind, weil sie immer alles für alle anderen tut und diese sie nur ausnutzen. Während sie Julia erklärt, dass sie nicht versteht, warum andere Leute deren eigene Fehler nicht einsehen, wenn sie doch Recht hat, verschwindet ein Stück nach dem anderen von ihrem mitgebrachten Kuchen in ihrem Mund. Die Flasche Wein hat sie auch schon fast allein bewältigt. Immerhin, es ist noch Kaffee da. Mehr braucht Julia an dem Abend auch nicht mehr. Aber wie bekommt sie Andrea wieder aus der Wohnung hinaus?

Es ist fast Mitternacht. Aber da kommt Andreas Nikotinsucht Julia zu Hilfe. Alles ist aufgegessen und ausgetrunken. Andrea springt unvermittelt auf, angetrunken reißt sie dabei fast den Tisch um. Empört sagt sie zu Julia: „Ich hätte nicht gedacht, dass ein so schlanker Mensch wie du auf einmal so viel essen und trinken kann. Schade, ich habe mir so viel Mühe gegeben. Rauchen kann ich bei dir ja auch nicht. Ich muss dich jetzt leider allein lassen. Was seid ihr bloß alle für merkwürdige und undankbare Menschen? Schade, ich dachte, du bist anders als die anderen." Andrea greift sich schnell noch eine Packung Kekse von Julias Küchenablage und dampft ab in ihre eigene Wohnung, geräuschvoll mit den Türen schlagend.

Julia sitzt noch einige Zeit einfach da, vor sich hin starrend, als hätte sie einen Geist gesehen. Dann muss sie unvermittelt loslachen, obwohl ihr Andrea eigentlich leidtut. Julias Mutter arbeitet immer bis tief in die Nacht. Sie ruft sie an mit den Worten: „Mama, ich habe ein Problem!" Dann schildert sie ihrer Mutter die Lage. Diese antwortet ihr: „Nein, Julia, nicht du hast das Problem. Andrea hat das Problem. Sie braucht dringend psychologische Hilfe. Wimmle sie so gut wie möglich ab. Du hast andere Aufgaben im Leben. Wenn du dich jetzt weiter auf Andrea einlässt, wirst du sie nie wieder los. Sie wird dir dein Leben verderben, und das willst du doch nicht. Andrea ist mit ihrer Störung auf einer Stufe angekommen, wo sie eine richtige Therapie braucht.

Wenn du willst und wenn sie dich nicht in Ruhe lässt, werde ich mal mit ihr telefonieren, als deine Mutter. Vielleicht kann ich mehr herausfinden. Aber sag ihr bitte nicht, dass ich Psychologin bin. Das kann nach hinten losgehen. Ich mache mir jetzt fast etwas Sorgen um dich. Es sollte doch für dich alles so schön werden. Gibt es nicht noch andere Nachbarn, die ganz nett und normal sind?" Die gibt es und Julia erzählt ihrer Mutter von ihnen. Sie berichtet auch von dem netten Typen, der sie bereits vor der Nachbarin gewarnt hat. „Na, siehst du", sagt ihre Mutter, „da bin ich beruhigt, dann hast du ja Hilfe im Haus."

Am nächsten Morgen liegt ein kleines Geschenk vor Julias Wohnungstür, und ein Zettel anbei. Darauf steht: „Tut mir leid wegen gestern Abend. Deine Andrea". Julia ist etwas ratlos. Wie soll sie sich verhalten? Vielleicht ist Andrea ja doch ganz nett. Aber was hat ihre Mama ihr eingeschärft? Julia kommen trotzdem Zweifel. Darf sie Andrea wirklich abwimmeln? Ist es nicht ihre menschliche Verantwortung, sich um sie zu kümmern, wenn sie Probleme hat und eine Vertrauensperson sucht? Vielleicht sieht ihre Mutter als Psychologin ja auch nur mal wieder Gespenster. Vor dem Haus trifft sie ihren netten Nachbarn. Er schüttelt einfach nur den Kopf, als sie ihm kurz die Geschichte erzählt, dann sagt er: „Du kannst sie nicht therapieren. Sie braucht professionelle Hilfe. Glaub mir, ich studiere Psychologie.“ Julia echot: „Psychologie? Wie meine Eltern ...“. Mit einem Grinsen gibt der junge Mann zurück: „Ach, deine Eltern studieren auch noch Psychologie?“ Beide müssen lachen, die gute Stimmung ist wiederhergestellt. Aber was wird aus Andrea? Wie kann man ihr helfen, ohne selbst in Mitleidenschaft gezogen zu werden?

3. ERFAHRUNGSBERICHT

Adrian und Marco, beide 32 Jahre alt, wohnen zusammen in einer 3er-WG. Sie kennen sich seit der Schulzeit und sind unzertrennliche Freunde. Sie haben ihre Lehre im selben Betrieb gemacht, einer Tischlerei. Nach ihrer Meisterprüfung haben sie vor Kurzem eine eigene kleine Tischlerwerkstatt gegründet. Der Betrieb ist noch nicht bekannt und wirft noch nicht viel Geld ab, also müssen sie weiter sparsam leben. Aber auch mit Geld können sie sich nicht vorstellen, ihre WG aufzulösen. Aber wieso zu zweit in einer 3er-WG? Bis vor Kurzem wohnte noch eine dritte Person in der WG. Der dritte Mitbewohner, mit dem sie sich gut verstanden haben, musste in eine andere Stadt umziehen. Leider, denn die Wohnung ist zu teuer für die beiden jungen Tischler.

Nun wird ein neuer dritter Mitbewohner gesucht, aber das ist nicht so einfach, denn die Chemie soll ja auch stimmen. Adrian und Marco legen großen Wert auf ein harmonisches Zusammenleben. Nachdem sie das Zimmer inseriert haben, ist der Ansturm groß. Aber ein passender Mitbewohner wird lange nicht gefunden. Entweder die Chemie stimmt nicht oder das Zimmer gefällt nicht, manche stören sich am Preis oder anderen Dingen. Dann jedoch bewirbt sich noch ein interessanter Kandidat im Alter von Adrian und Marco. Oder zumindest fast im gleichen Alter. Etwas jünger ist er doch. Sebastian, 27 Jahre alt, ist noch Student. Das Zimmer gefällt ihm und menschlich scheint es auch zu passen. Seine Eltern bezahlen das Zimmer, sie haben genug Geld. Er will nach dem Studium auch in dieser Stadt bleiben. Er studiert Design und interessiert sich auch für Möbel und Einrichtungen. Das passt doch gut zusammen.

Kurz darauf zieht Sebastian mit in die Wohnung ein. Alles scheint zunächst perfekt zu sein. Schon an den ersten Tagen staunen Adrian und Marco nicht schlecht, als sie nach Hause kommen. Sebastian hat nicht nur sein Zimmer renoviert und perfekt gestaltet, sondern auch in der Wohnung aufgeräumt und sogar abgewaschen. Und dann serviert er an einem der nächsten Abende auch noch ein leckeres Menü von seinem Geld. Zunächst freuen sich Adrian und Marco über die unerwartete Hilfe in der Wohnung, denn zum Aufräumen und Putzen haben sie nicht viel Zeit. Sie müssen nun einmal Prioritäten setzen. Der Aufbau ihres kleinen Betriebes geht vor. Sie bedanken sich bei Sebastian für die Hilfe und er freut sich. Alle sind zufrieden. Noch.

Schon nach kurzer Zeit nimmt es mit Sebastians Putz- und Aufräumwut Überhand. Nicht nur, dass er jetzt auch angefangen hat, die Zimmer von Adrian und Marco aufzuräumen, dort zu putzen und auch ihre Wäsche zu machen, nein, er beginnt jetzt ohne Absprache, die ganze Wohnung zu gestalten und alles in den Schränken umzusortieren. Auch würden Adrian und Marco abends gern mal etwas essen, das sie selbst möchten. Aber Sebastian kocht jetzt jeden Abend und sie wollen ihn nicht beleidigen. Wie schafft er das eigentlich alles neben seinem Studium und woher nimmt er die Zeit? Nach eigenem Gutdünken erledigt er inzwischen auch noch die meisten Einkäufe vom gemeinsamen Haushaltsgeld. Er scheint den Luxus zu lieben, gibt viel zu viel von dem gemeinsamen Geld aus.

Langsam schieben die jungen Tischler Panik. So ein Leben können sie sich nicht leisten, das wirft ihr Betrieb nicht ab. Aber sie wollen ihren neugewonnenen Mitbewohner auch nicht gleich wieder verlieren, denn sie brauchen die Miete und die Suche war schwer, doch er geht langsam wirklich zu weit. Nach und nach übernimmt er die Regie über alles. Und etwas weniger langsam sind die beiden Freunde am Ende ihrer Geduld angekommen. Sie erkennen ihre geliebte Junggesellenwohnung kaum wieder und ständig müssen sie ihre Sachen suchen. Was ist los mit diesem Sebastian, ist er wirklich so hilfsbereit und merkt nicht, was er damit anrichtet, oder ist er einfach unverschämt? Die beiden machen sich immer mehr Gedanken über sein Verhalten und überlegen, wie man das Problem auf harmonische Art lösen könnte.

Da taucht Sebastian eines Tages unvermittelt in der Tischlerwerkstatt auf. Gut, dass gerade kein Kunde da ist, denn nun ist Sebastian anscheinend völlig übergekaspert und hat seinen großen Auftritt. Ohne zu fragen, beäugt er kritisch und mit wenig schönem, süffisantem Gesichtsausdruck die Möbel und Ausstellungsstücke von Adrian und Marco. Auf einmal wirkt er gar nicht mehr so nett. In arrogantem Ton fragt er: „Soll das hier Design sein?“ Marco kann sich nun nicht mehr bremsen und antwortet auf seine typische, selbstbewusste Art: „Nein, das sind Möbel zum Benutzen. Für Leute, die etwas Anständiges und Individuelles für wenig Geld haben wollen, weil sie eben nicht viel Geld haben." Adrian kann nicht mehr höflich bleiben und sagt ganz einfach: „Es reicht jetzt, Sebastian. Lass uns arbeiten. Und lass die Wohnung endlich in Ruhe. Du wohnst dort nicht allein."

Sebastian sieht fassungslos aus. So viel Gegenwind hat er offensichtlich nicht erwartet. Dann stürmt er wutentbrannt aus der Tischlerei. Adrian und Marco versuchen weiterzuarbeiten, aber werden immer unruhiger. Was stellt Sebastian als Nächstes an? Ist das alles noch ganz normal? Sie machen noch einen dringenden Auftrag fertig und fahren dann nach Hause. Mit einem wirklich unguten Gefühl öffnen sie die Wohnungstür. Auf den ersten Blick scheint alles so zu sein wie immer, aber es ist kein Essen gekocht. Und wo ist Sebastian?

Dann hören sie Geräusche aus seinem Zimmer. Weinen, Fluchen, Jammern. Entsetzt sehen sie sich an und stürmen in Sebastians Zimmer. Dort herrscht das Chaos. Einige Sachen, die Sebastian sehr liebte, sind zertrümmert. Es riecht stark nach Alkohol. Sebastian ist betrunken. Und was noch schlimmer ist, seine Hände bluten an einigen Stellen. Das Weinen und Jammern ist in ein stumpfsinniges Vor-sich-hin-Starren übergegangen. Er will sich weder trösten noch verarzten lassen und starrt auf seine blutigen Hände. Dann verändert sich sein Gesichtsausdruck auf einmal wieder, er sieht fast entspannt aus. Wortlos steht er auf und fängt mit blutenden Händen an, aufzuräumen.

Adrian und Marco gruselt es irgendwie. Sebastian lässt sie im Moment sowieso nicht an sich heran, aber anschauen können sie sich das auch nicht. Sie gehen hinaus. Adrian holt ein Päckchen Verbandszeug und wirft es in Sebastians Zimmer. Draußen grübeln und reden die beiden Freunde. Was ist los mit diesem merkwürdigen Kerl? Marco sagt: „Der ist bestimmt psychisch krank, ganz schlimm. So etwas gibt es. Der muss irgendwie in seiner Kindheit mal etwas wirklich Schlimmes erlebt haben. Ich habe mal irgendwo gelesen, dass manche Menschen dadurch genau solche Probleme entwickeln." Den beiden ist nicht ganz wohl. Was sollen sie jetzt tun? Sebastian ist eigentlich kein so übler Typ. Sie würden ihm gern helfen. Aber wie? Können sie das überhaupt?

Vorsichtig schauen sie in Sebastians Zimmer. Er sieht wieder einigermaßen normal aus, das Zimmer auch. Offensichtlich hat er sich wieder zurück verändert. Sie nehmen Sebastian in die Küche mit. Marco sagt: „Sebastian, heute gibt es Pizza, keine Widerrede. Und in Zukunft räumen wir zusammen auf, okay?" Sebastian nickt, immer noch stark angetrunken, und Adrian traut sich zu fragen: „Was ist eigentlich los mit dir? Weißt du noch, was du tust?" Sebastian antwortet bekümmert: „Ich weiß selbst nicht, warum ich das alles tue. Ich will das doch gar nicht. Aber ich kann es auch nicht ändern. Das ist schon lange so."

Marco erwidert: „Dann müssen wir zusammen herausfinden, was mit dir los ist, und es ändern, damit du dieses Problem nicht weiter hast." Adrian sagt: „Ich glaube, so etwas kann man auch trainieren, aber ich weiß nicht, wie das gehen soll." Die beiden Freunde versprechen Sebastian, ihm zu helfen. Aber er muss seinen Teil dazu beitragen.

4. ERFAHRUNGSBERICHT

Kirk ist 18 Jahre alt und steht kurz vor dem Abitur. Er hat eine viel jüngere Schwester, sie heißt Lea und ist zwölf Jahre alt. Man kann es erraten, wie die Kinder zu diesen Namen gekommen sind - ihre Eltern haben einen gewissen Hang zu intergalaktischen Filmen. Sie sind gute und aufgeschlossene Eltern, haben aber beruflich viel zu tun. Sie sind Rechtsanwälte und haben eine eigene Kanzlei. Es ist nicht so, dass sie den Beruf wegen des Geldes ausüben, obwohl natürlich genug Geld vorhanden ist, Haus, Garten und eine gewisse finanzielle Sorglosigkeit. Aber es geht ihnen nicht um Geld und Karriere, sondern sie haben im Laufe der Jahre schon vielen armen und von der Gesellschaft benachteiligten Menschen zu ihrem Recht verholfen.

Das ist eine gute Sache und Kirk hat das irgendwie auch schon in früher Kindheit verstanden. Er ist stolz auf seine Eltern, die sich so für die Schwachen in unserer Gesellschaft einsetzen. Problemlos ist er schon im Alter von drei Jahren in den Kindergarten gegangen und später natürlich auch in die Schule. Kirk war von Anfang an selbstständig und verantwortungsvoll. So konnten sich seine Eltern schon bald nach seiner Geburt wieder ihren beruflichen Aufgaben widmen. Zu Kirks drittem Geburtstag bekam er eine Katze, Rosy, die genauso alt wie er war. Als Kirk dann sechs Jahre alt war, kam seine Schwester Lea zur Welt. Alle waren glücklich.

Aber Lea ist ganz und gar nicht wie Kirk. Sie brauchte in ihrer frühen Kindheit extrem viel Zuwendung. Die Mutter der beiden Kinder unterbrach für drei Jahre ihre Arbeit. Dann wollte sie wieder in der Kanzlei mitarbeiten, aber Lea wollte nicht in den Kindergarten gehen. Also haben alle abwechselnd auf Lea aufgepasst. Seit sie zur Schule geht, arbeiten die Eltern wieder wie zuvor. Kirk hat die Aufgabe übernommen, Lea in Abwesenheit der Eltern zu betreuen. Das macht er gern, er liebt seine Schwester. Lea hängt buchstäblich an ihrem großen Bruder. Trotzdem hat Kirk immer auch seine Schulaufgaben geschafft und ist sogar sehr gut in der Schule, besonders in Naturwissenschaften. Deswegen ist sein Spitzname auch Einstein. Lea war die ersten Jahre ebenfalls gut in der Schule, hatte sich eingewöhnt, gute Freunde gefunden und schien sogar immer selbstständiger zu werden. Alle haben aufgeatmet.

Aber dann ist etwas Schreckliches passiert. Als Lea zehn Jahre alt war, wurde die Katze Rosy überfahren. Lea und Rosy haben sich sehr geliebt und viel miteinander gespielt und geschmust. Und es musste ausgerechnet auch noch Lea sein, die die überfahrene Rosy gefunden hat. Lea hat tagelang nur noch geweint und nichts mehr gegessen. Auch die Schule hat sie eine Zeit lang nicht mehr besuchen wollen. Verständlich, fanden alle, und haben ihr Möglichstes getan, um Lea wieder auf die Beine zu helfen. Was die Familie Lea verschwiegen hatte, war, dass Rosy mit 16 Jahren für eine Katze ohnehin sehr alt war. Rosy war auch schon länger krank gewesen und es stand keine Heilung in Aussicht. Es war eine Frage der Zeit gewesen, dass Rosy stirbt. Die ganze Familie war sehr traurig, als es passierte, und sehr bestürzt, dass die arme, alte Rosy auch noch überfahren wurde. Sie brauchten alle eine gewisse Zeit, um es zu verarbeiten, besonders Lea.

Ein paar Wochen später sah es zunächst so aus, als ob sie darüber hinweggekommen wäre, doch sie ist danach immer seltsamer geworden. Die sonst eigentlich ruhige Lea bekommt immer öfter Wutausbrüche, dann bricht sie wieder weinend zusammen. Außerdem sind ihre Schulnoten in den zwei Jahren seit Rosys Tod immer schlechter geworden. Vor Kurzem hat sie sich sogar mit ihrer besten Freundin überworfen, weil diese ihr Katzenbilder auf ihrem Handy gezeigt hat. Lea hat einen extremen Wutanfall bekommen und das Handy der Freundin zertreten, dann ist sie für Stunden aus der Schule verschwunden und alle mussten sie suchen. Auch Kirk hat immer mehr unter den Launen seiner kleinen Schwester zu leiden, nur anders.

In seiner Klasse ist ein Mädchen, auf das er mehr als nur ein Auge geworfen hat. Ihr Name ist Sophie, aber da sie so klug und ruhig ist wie eine Eule aus Athen, wird sie von allen nur Philosophie genannt. Und auch Philosophie hat mindestens ein Auge auf Captain Kirk Einstein geworfen. Die beiden haben gleiche Interessen, interessieren sich für die Natur und für Tiere. Sophie arbeitet in ihrer Freizeit sogar im Tierheim. Toll, findet Kirk. Aber Lea gefällt es gar nicht, dass die beiden sich so gut verstehen. Sie ist sehr eifersüchtig. Ihr Bruder soll ihr allein gehören. Es ist für

Kirk und Sophie kaum möglich, außerhalb der Schule ein Wort miteinander zu wechseln. Sofort ist Lea da und beansprucht Kirks Aufmerksamkeit für sich. Neulich hat sie die beiden sogar angeschrien: „Ich hasse euch! Ich hasse sowieso alle!" Danach ist sie weinend weggelaufen, hat sich stundenlang in ihrem Zimmer vergraben und immer wieder geschrien: „Lasst mich alle in Ruhe!"

Und da ist noch etwas: Vor Kurzem hat Lea angefangen, Unmengen von Süßigkeiten in sich hineinzustopfen. Sie gibt ihr ganzes Taschengeld dafür aus. Wenn die Familie versucht, ihr das auszureden, wirft Lea mit Sachen um sich und trampelt darauf herum. Anschließend weint sie wieder. Ab und zu sagt sie auch, dass es ihr leidtut und sie sich ändern will, aber das hält nicht lange vor, dann kommt der nächste Ausbruch. Es wird nicht besser, sondern schlimmer. Die Harmonie in der Familie ist dahin. Die Arbeit der Eltern und auch Kirks Konzentration in der Schule leiden darunter. So kann es nicht weitergehen. Es reicht. Kirk muss sein Abitur machen, er braucht dafür Konzentration und Kraft. Einmal ganz abgesehen davon, dass er auch ein Recht auf ein Privatleben mit Sophie hat. Alle fragen sich, was bloß mit Lea los ist und ob es jemals wieder besser wird.

Eines Tages beim Abendbrot sagt Kirk unvermittelt: „Ich will wieder ein Haustier. Vielleicht bringt ein Tier uns den Frieden zurück." Das hätte er wohl besser nicht sagen sollen. Lea wirft ihr Essen vom Tisch und läuft in ihr Zimmer. Dabei schreit sie noch: „Ich will nie wieder eine Katze!" Nun platzt Kirk der Kragen. Er ruft hinter ihr her: „Aber ich will wieder ein Tier hier haben! Dann wird es eben ein Hund!" Kirks Eltern nicken. Sein Vater sagt: „Gute Idee. Einen Hund kann man wenigstens so erziehen, dass er nicht auf die Straße läuft. Und schließlich ist ein Hund doch kein schlechterer Mensch als eine Katze." Kirks Mutter nickt und fügt an: „Alle Wesen sind gleich und haben die gleichen Rechte. Und Lea darf hier nicht allein bestimmen. Mit zwölf Jahren muss man das begreifen können."

Lea lässt sich an diesem Abend nicht mehr blicken. Am nächsten Tag beim Frühstück tut sie so, als wäre nichts vorgefallen, und sagt in gnädigem Ton: „Na gut, weil ihr es seid. Ich genehmige euch den Hund." Allen steht der Mund offen. Kirks Vater verschluckt sich am Kaffee. Aber alle wissen: Jetzt bloß nicht reagieren. Schon am nächsten Tag verabredet Einstein sich mit Philosophie im Tierheim. Sie hat gesagt, dass da jemand schon ganz ungeduldig auf ein schönes Zuhause wartet. Ein wuscheliger Welpe, circa ein halbes Jahr alt, namens Blacky.

Kirk trifft im Tierheim ein. Zu Hause steht schon eine komplette Ausstattung für Blacky bereit. Auf dem Gelände des Tierheims ist das Erste, was Kirk sieht, dass ein schwarzes Fellknäuel auf ihn zurast. Sekunden später sitzt Blacky bei Kirk auf dem Arm. Und dann sieht er Sophie, die strahlend sagt: „Gefunden!“ Nun staunen alle drei um die Wette. Sophie sagt, sie habe jetzt Feierabend. Gemeinsam gehen sie ein Stück mit Blacky. Kirk sagt glücklich: „Lea ist zu Hause.“ Die beiden Jugendlichen haben Zeit für sich, endlich mal. Arm in Arm gehen sie mit Blacky spazieren.

Dann kommt der Moment, in dem Blacky sein neues Zuhause kennenlernt. Dort warten schon alle gespannt auf den Familienzuwachs. Glücklich nehmen sie den kleinen Hund in Empfang. Sogar Lea kann ihre Freude nicht verbergen. Zumindest über Blacky. Aber Sophie ist mitgekommen, und darüber ist Lea weiterhin gar nicht erbaut. Eifersüchtig starrt sie auf Sophie. Diese lächelt Lea jedoch einfach an. Und, komisch, plötzlich lächelt Lea zurück. Wie macht diese Philosophie das bloß? Und wird die gute Laune anhalten? Wie können alle dauerhaft dabei helfen, dass Lea wieder richtig zu sich kommt?

5. ERFAHRUNGSBERICHT

Jens ist 42 Jahre alt und Ingenieur für Umwelttechnik. Er führt ein glückliches Leben, ist zufrieden in seinem Job und fühlt sich wohl in seiner Wohnung, die in einer Mehrfamilienhausanlage liegt. In der Nähe befindet sich ein großer, schöner Park, der ihn in seiner Freizeit immer zur Naturbeobachtung und bei schönem Wetter auch zum Verweilen einlädt. Jens ist nach einer vor zehn Jahren gescheiterten Beziehung nun seit Langem glücklicher Single. Aber vor einiger Zeit ist in eines der Nachbarhäuser eine junge Frau eingezogen, die ihm schon mehrfach aufgefallen ist. Seit seiner damaligen unschönen Beziehung ist er jedoch vorsichtig geworden. Andererseits wäre es ungerecht, wenn er seine schlechte Erfahrung auf die neue Nachbarin übertragen würde. Er hat sie aber bisher auch nur von Weitem gesehen und weiß nicht, wie und ob er sie ansprechen soll. Außerdem hat er nicht viel Zeit und ist sich unschlüssig, ob er sein im Moment zufriedenes Leben überhaupt ändern will.

An einem der folgenden Sonntage möchte er mal wieder das schöne Wetter im Park genießen. Er macht sich auf den Weg. Nach einer Weile bemerkt er, dass die junge Frau aus dem Nachbarhaus auf einer der Bänke sitzt. Sie liest ein Buch. Liest sie es wirklich? Es kommt ihm so vor, als würde sie ihn beobachten. Irgendwie merkwürdig, denkt er, aber vielleicht mag sie mich ja. Erst mal kümmert er sich nicht darum und geht weiter. Zwei Stunden später macht er sich wieder auf den

Rückweg. Er muss noch etwas für die Firma vorbereiten, hat sich Arbeit mit nach Hause genommen. Das macht er gern, es bringt ihm Spaß.

Während er zurück in Richtung seiner Wohnung geht, sieht er, dass die Nachbarin immer noch auf derselben Parkbank sitzt. Sie hat das Buch zugeklappt und starrt in den Himmel. Dort ziehen dunkle Wolken auf. Es sieht nach Regen aus. Jens wundert sich etwas über den Gesichtsausdruck der jungen Frau. Er grüßt sie nett, aber sie reagiert nicht auf ihn. Ein paar Schritte weiter fängt es tatsächlich an zu regnen. Jens hat seine Umhängetasche mit Fotoapparat und allerhand Utensilien dabei. Ein Schirm ist auch darin. Er spannt ihn auf und geht weiter. Die Nachbarin kommt ihm irgendwie komisch vor. Sein Lieblingskollege und inzwischen bester Freund, Peter, der schon ein paar Jahre älter ist und an Symbolik glaubt, würde jetzt wohl sagen, dass es kein gutes Vorzeichen für eine Beziehung ist, wenn beim ersten Kontakt so dunkle Wolken aufziehen. Aber Jens glaubt nicht an so etwas.

Plötzlich hört er hinter sich Laufschritte. Es ist die junge Nachbarin. Als sie auf gleicher Höhe mit ihm ist, sagt sie: „Du hättest mir auch anbieten können, mich mit unter deinen Schirm zu nehmen. Du weißt doch, dass ich in deiner Nähe wohne.“ Jens entschuldigt sich und bietet ihr einen Platz unter dem Schirm an. Doch der Schirm ist zu klein für zwei Personen. Also hält er den Schirm über seine Nachbarin und wird selbst nass. Das scheint sie nicht weiter zu stören. Während sie zusammen gehen, erzählt die junge Frau munter, dass sie 37 Jahre alt ist, Amelie heißt und erst vor Kurzem hierher gezogen ist, weil sie einen Job als Verkäuferin angenommen hat. Sie berichtet auch gleich, dass sie bereits nach wenigen Wochen mit ihrem Job und ihren Kollegen unzufrieden ist, ganz zu schweigen von der schlechten Bezahlung. Auch die Nachbarn im Haus seien nicht nett zu ihr. Aber das sei typisch für ihr Leben. Sie habe schon mit ihren Eltern Schwierigkeiten gehabt und in der Schule sei sie oft gemobbt worden, deswegen habe sie auch keinen guten Schulabschluss. Außerdem habe sie diverse schlimme Beziehungen hinter sich. Jens fragt sich, wie man so schnell so viel erzählen kann. Will er das alles wissen? Sie kennen sich doch kaum. Aber er sagt freundlich zu ihr: „Tut mir leid, dass es dir so ergangen ist.“

Nun sind sie in der Wohnanlage angekommen. Er sagt nur noch kurz: „Ich bin übrigens Jens, ich bin 42 Jahre alt und arbeite in der Umwelttechnik. Wollen wir uns in den nächsten Tagen noch mal treffen?“ Möglicherweise hat er sich nun doch verliebt. Amelie antwortet: „Ja, Jens, können wir ja mal machen, aber ich weiß nicht, wann ich Zeit habe.“ Sie tauschen die Telefonnummern aus. Jens denkt, irgendwie ist sie ja seltsam, aber irgendwie auch nett. Die Falle ist zugeschnappt, Jens hat sich verliebt. Am nächsten Tag bei der Arbeit bemerkt Peter das natürlich sofort und fragt, was los ist. Jens erzählt ihm die seltsame Geschichte. Peter zieht die Augenbrauen zusammen, gibt aber weiter keinen Kommentar ab.

Schon am nächsten Abend kann Jens sich nicht mehr bremsen und wählt Amelies Nummer. Es meldet sich nur der Anrufbeantworter. In den nächsten Tagen versucht er es immer wieder, aber immer erreicht er nur den AB. Jens ist ein klein wenig enttäuscht und traurig. Dann klingelt sein Telefon. Amelie ist dran. Noch bevor er richtig zu Wort kommen kann, ruft sie empört: „Seit Tagen warte ich auf deinen Anruf. Ich bin dir wohl nicht wichtig!“ Jens ist verdutzt, bleibt aber ruhig und erklärt: „Aber ich habe doch oft bei dir angerufen. Es war immer nur dein Anrufbeantworter dran.“ Amelies Kommentar verblüfft ihn dann wirklich: „Das denkst du dir aus. Du hast nicht bei mir angerufen.“ Jens will Frieden und sagt verliebt und versöhnlich: „Entschuldigung, vielleicht habe ich mich verwählt.“ Das stimmt zwar nicht, aber er möchte sich nicht streiten. Vielleicht wurden seine Anrufe ihr einfach nicht angezeigt, die Technik funktioniert ja manchmal nicht so, wie sie soll. Er denkt nicht weiter darüber nach.

Die beiden verabreden sich und treffen sich schon am nächsten Tag. Auch Amelie ist verliebt und schnell entwickelt sich eine Beziehung zwischen den beiden. Einige Zeit scheint alles ziemlich normal und harmonisch zu sein. Sie verbringen viel Zeit miteinander, sehr viel Zeit. Peter fällt auf, dass Jens gar keine Zeit mehr hat, um sich mit ihm zu treffen. Amelie beansprucht Jens‘ gesamte Freizeit. Das fällt ihm zunächst jedoch nicht auf. Seine Liebe macht ihn blind. So bemerkt er auch nicht die Stimmungsschwankungen von Amelie, oder er will sie nicht bemerken. Amelie vereinnahmt ihn vollkommen und krempelt ihn langsam, aber sicher komplett um. Zumindest über sein Privatleben hat sie die Regie übernommen. Alles dreht sich um sie.

Eines Tages kommt sie wütend von der Arbeit und eröffnet ihm: „Ich habe gekündigt. Ich kann mit diesen Leuten wirklich nicht mehr zusammenarbeiten. Ich kann dadurch aber meine Wohnung nicht mehr bezahlen. Keine Ahnung, was ich nun machen soll!“ Jens ist einigermaßen entsetzt. So hat er sich das nicht vorgestellt. Aber seine Wohnung ist groß genug für zwei und Geld hat er auch genügend für sich und Amelie. Er überlegt (leider) nicht lange und sagt: „Amelie, wir lieben uns doch. Du kannst ja bei mir mit einziehen. Und sicher findest du auch bald wieder einen Job.“ Er merkt nicht, dass Amelie genau das beabsichtigt hat. Kurze Zeit später zieht die arbeitslose Amelie mit Sack und Pack bei ihm ein. Und da Jens tagsüber lange in der Firma ist, hat Amelie viel Zeit allein in der Wohnung. Diese Zeit nutzt sie, um alles nach ihrem Geschmack zu verändern. Als Jens eines Abends nach Hause kommt, stehen einige seiner geliebten Möbel auf dem Sperrmüll. Er kann gerade noch ein paar Sachen retten und in den Keller bringen. Der Nachbar, der die Wohnung neben ihm hat, fragt Jens: „Was ist denn bei dir los?"

Jens stürmt in die Wohnung. Dort sitzt Amelie gemütlich in einem ihrer Sessel und lackiert sich die Nägel. Jens ist außer sich. Er fragt: „Was fällt dir ein, so mit meinen Sachen umzugehen?" Amelie scheint davon komplett erschüttert zu sein. Sie zuckt zusammen, bricht in Tränen aus und verschüttet ihren blutroten Nagellack auf dem Fußboden. Dann schreit sie Jens mit gleichzeitig wütendem und gequältem Gesichtsausdruck an: „Du bist so undankbar, wirklich undankbar! Schau, wie schön ich es hier alles für uns gemacht habe!" Jens beruhigt sich und tröstet die aufgelöste Amelie.

Eigentlich hätte er sich abends gern mal wieder mit Peter getroffen, aber auch das lässt Amelie nicht zu. Sie macht ihm immer wieder extreme Eifersuchtsszenen. So auch heute. Plötzlich reißt sich Amelie aus Jens Umarmung los und schreit: „Dann triff dich doch mit deinem geliebten Peter! Bestimmt seid ihr ein Liebespaar, habe ich Recht?" Amelie tobt wie eine Furie durch die Wohnung, fegt eine Blumenvase vom Tisch und läuft dann gegen eine Wand. Sie schreit vor Schmerz auf. Jens versucht, sie zu beruhigen. Aber Amelie schreit weiter: „Triff dich doch am besten mit allen, die du kennst! Du verbrauchst sowieso viel zu viel von meiner Zeit! Seit ich dich kenne, habe ich kaum noch Zeit für mich selbst! Ich habe meine Freunde ewig nicht gesehen! Du engst mich vollkommen ein!"

Jens starrt Amelie mit offenem Mund an. Es ist ja genau umgekehrt. Irgendetwas ist nicht normal bei dieser Frau. Jens denkt verzweifelt: „Hilfe, Peter." Er muss noch heute mit Peter sprechen. Dringend. Persönlich. Und er muss genauso dringend aus der Wohnung raus. Er hält es nicht mehr aus. Er will seinen Autoschlüssel holen und los zu Peter. Aber er kann den Schlüssel nicht finden. Amelie hat ihren Gesichtsausdruck spontan geändert. Sie fragt scheinheilig: „Na, willst du weg, Jens? Kannst du mal wieder deinen Schlüssel nicht finden?" Jens sucht und sucht. Amelie ist inzwischen überaus amüsiert und lacht gehässig. Sie muss seinen Schlüssel haben, das wird Jens klar. Er gibt für heute auf und sagt in ruhigem Ton: „Ich gehe jetzt schlafen. Wir haben morgen ein wichtiges Meeting in der Firma. Leg bis dahin meinen Autoschlüssel wieder an seinen Platz.“ Amelie ist verblüfft. Die Nacht über ist Ruhe.

Am nächsten Morgen staunt Jens nicht schlecht. Der Autoschlüssel liegt brav an seinem Platz und es erwartet ihn ein liebevoll gedeckter Frühstückstisch. Amelie gibt ihm einen Kuss und sagt: „Jens, du bist der beste Mann auf der Welt!“ Nicht ganz mit sich und seinen Gefühlen einig, murmelt Jens ein Kompliment an Amelie. Die verzieht schon wieder ein Gesicht. Was hat sie erwartet? Jens muss jetzt sowieso los in die Firma. Er ist in Gedanken und hat fast einen Autounfall. Gerade noch mal eben gutgegangen. Auch im Meeting ist er nicht so konzentriert wie sonst. Alle schauen ihn besorgt an. Peter schüttelt den Kopf. Er ahnt schon, was los ist, und sagt bedeutungsvoll: „Dunkle Wolken …“

Plötzlich wird die Tür aufgerissen und Amelie platzt in das Meeting. Außer sich brüllt sie: „Von wegen Meeting! Ich habe es doch geahnt, was hier wirklich passiert! Gemütliche Kaffeerunde. Und nachher habt ihr bestimmt alle noch Sex!“ Allen steht der Mund offen. Der Chef sagt: „Junge Frau, verlassen Sie bitte den Raum, sonst muss ich die Polizei rufen.“ Der beherzte Peter springt auf und bringt die widerspenstige Amelie sachte vor die Tür. Nach ein paar Minuten kommt er zurück. Scherzhaft sagt er zu Jens gewendet: „Keine Sorge, ging eigentlich ganz reibungslos. Aber zum Schluss hat sie mir noch einen Kuss gegeben und gesagt, ich soll den an dich weitergeben. Und sie hat auch gefragt, wann wir heiraten!“ Alle lachen. Jens würde auch gern lachen. Kann er aber nicht. Er murmelt nur verzweifelt: „Hilfe, Leute!“ Peter entgegnet: „Symbolik!“

Aber was soll Jens nun tun? Er kann mit Amelie nicht mehr so eng zusammenleben. Aber sie hat keine Arbeit und keine Wohnung mehr. Doch was stellt sie in der Zwischenzeit zu Hause an? Was wird ihn dort nach Feierabend erwarten? Und wie soll es überhaupt weitergehen? Seine Liebe zu Amelie ist noch nicht ganz gestorben. Aber so kann die Beziehung nicht funktionieren. Ist die Partnerschaft noch zu retten? Wird Amelie sich jemals ändern können? Kann Jens ihr überhaupt selbst helfen? In seinem Kopf kreisen die Gedanken. Peter weckt ihn auf: „Mach bitte Schluss, mein Freund. Sie wird dich sonst zerstören!“ Jens erwidert niedergeschlagen: „Irgendwie ist sie selbst zerstört. Aber ich weiß keinen Rat. Ich mag überhaupt nicht mehr nach Hause. Aber ich muss.“ Peter tröstet ihn: „Ich komme heute mit.“ Aber wie kann Peter seinem besten Freund in dieser verzwickten Situation helfen?

6. ERFAHRUNGSBERICHT

Die 29-jährige Kim ist Kfz-Mechatronikerin und hat in ihrem Ausbildungsbetrieb schon viel Erfahrung in ihrem Beruf gesammelt. Sie ist wirklich gut darin. Auch privat ist sie überall beliebt, weil sie ein netter, hilfsbereiter Mensch ist. Man kann mit ihr viel Spaß haben und sie ist aufgeschlossen gegenüber allen Menschen und immer für neue Erfahrungen bereit. Die Stadt, in der sie wohnt, ist im Binnenland, weit weg vom Meer. Aber Kim liebt das Meer, besonders die Nordsee. Sie fährt so oft wie möglich dorthin und hat einen angestammten Ferienort. Gern würde sie dort wohnen. Doch dafür muss sie sich einen neuen Arbeitsplatz suchen. Aber der Wunsch reift in ihr zum Plan und schließlich entscheidet sie sich, sie will es wagen.

Die Trennung von ihrem bisherigen Umfeld macht sie zwar traurig, aber man muss sich ja nicht aus den Augen verlieren. In der kleinen Stadt an der Nordsee, wohin sie oft fährt, hat sie auch schon gute Freunde. Da will sie zukünftig leben. Ganz in der Nähe ist eine Kfz-Werkstatt, bei der sie sich bewirbt. Sie hat Glück, es wird gerade ein weiterer Mitarbeiter gesucht. Da sie gute Referenzen hat, bekommt sie die Stelle auch. Es ist ein kleiner Betrieb, der bisher nur aus einem Chef und einem Gesellen besteht. Schnell findet sie in dem Ort dank ihrer dort lebenden Freunde auch eine nette kleine Wohnung. Und genauso schnell ist der Umzug erledigt und die neue Wohnung eingerichtet. Denn Kim ist unkompliziert, hat nicht viele Sachen und keine großen Ansprüche. Nun kann es losgehen.

Ihr erster Arbeitstag in der neuen Werkstatt ist gekommen. Auf dem Weg dorthin denkt sie darüber nach, dass sie sich noch gar nicht persönlich vorgestellt hat. Es wurde auch nicht verlangt. Irgendwie ungewöhnlich. Auch wurde kein Foto von ihr angefordert. Auch gut, denkt Kim, vielleicht sind die einfach so unkompliziert wie ich. Aber wenn nicht? Irgendwie findet sie sich selbst im Moment etwas zu spontan. Sie wollte unbedingt an ihre Nordsee und hat nicht darüber nachgedacht, sich den Betrieb vorher anzusehen. Aber der Arbeitsplatz wurde ihr ja zugesagt, es wurde auch schriftlich schon ein Vertrag geschlossen und die Bezahlung ist auch okay. Kopfüber ins Abenteuer, so ist sie eben. Bisher hat sie bei ihren Entscheidungen im Leben immer Glück gehabt.

Nun fährt sie mit ihrem Auto auf den Hof der Werkstatt. Ein junger Mann in ihrem Alter empfängt sie und fragt, was er für sie tun könne. Er denkt anscheinend, dass sie ihr Auto zur Reparatur bringen möchte. Sie sagt: „Ich bin Kim. Ich fange heute an, hier zu arbeiten." Im ersten Moment kommt es ihr so vor, als würde er sie etwas erstaunt ansehen. Dann sagt er: „Herzlich willkommen. Ich bin Ole, der Geselle. Der Chef ist noch nicht da. Er kommt immer etwas später. Ich zeige dir schon mal alles hier." Dann fügt er noch an: „Ein guter Rat: Widersprich dem Chef nicht. Er verträgt es irgendwie nicht. Weiß auch nicht, warum. Ich glaube auch, er wird erstaunt sein, dass eine Frau bei uns anfängt. Wir dachten, Kim wäre ein Männername." Kim antwortet: „Das wird doch wohl kein Problem sein? Es müsste außerdem in meiner Bewerbung stehen. Ganz sicher, das hat es."

Dann kommt der Chef. Er fragt, ohne Kim zu beachten: „Ist der neue Geselle noch nicht da? Ich hasse Unpünktlichkeit!" Er wirkt sehr ungehalten. Ole ist etwas in sich zusammengesackt. Kim jedoch nicht. Sie sagt lächelnd und mutig: „Guten Morgen, Herr Hansen. Ich bin Kim, die neue Gesellin. Ich freue mich auf die Arbeit in Ihrem Betrieb." Dem Chef steht einen Moment der Mund offen. Dann sagt er, nicht sehr freundlich: „Eine Frau? In dem Beruf? Sie haben bei Ihrer Bewerbung verschwiegen, dass Sie eine Frau sind. Ich weiß nicht, ob ich Sie unter diesen Bedingungen hier beschäftigen kann!" Kim ist nun auch etwas verunsichert und besorgt. Hat sie ihre Bewerbung wirklich so formuliert, dass nicht ersichtlich wird, dass sie eine Frau ist? Aber selbst, wenn, was spielt das für eine Rolle? Sie hat die Qualifikationen und die Berufserfahrung. Wie rückschrittlich denkt dieser Chef?

Kim hat sicherheitshalber eine Kopie ihrer Bewerbung mitgenommen. Sie schaut hinein. Ihr Geschlecht wird aus ihrer Bewerbung deutlich ersichtlich. Ole hat sie beobachtet und ahnt, dass sie sich zur Wehr setzen will. Hinter dem Rücken des Chefs schüttelt er mit dem Kopf und macht Zeichen. Sein Mund formt lautlos die Worte: „Nicht widersprechen!" Kim hat verstanden. Aber ist das hier eine Werkstatt oder was sonst? „Na, das kann ja was werden!", denkt sie. Am liebsten würde sie auf dem Absatz umkehren und dem Chef die Papiere erst vor seine Nase halten und dann um die Ohren hauen. Aber sie ist ein selbstbeherrschter, gut erzogener Mensch.

Der Chef ist inzwischen wütend in sein Büro gestapft. Noch wütender kommt er zurück. In barschem Ton sagt er: „Gut, oder nicht gut. Da Sie nun schon mal hier sind, kochen Sie uns doch erst mal einen guten Kaffee, das können Frauen ja. Und hinterher begeben Sie sich unverzüglich an Ihre Arbeit." Er zeigt auf zwei Autos. „Die müssen bis morgen repariert sein. Und wenn Sie etwas nicht wissen, fragen Sie Ole. Ich muss jetzt wieder weg. Wir sprechen uns noch später!" So einen Ton ist Kim bisher nicht gewohnt.

Ole zeigt ihr die kleine Küche. Klar kann sie auch Kaffee kochen. Wer kann das nicht? Der Chef ist aber schon weg. Kim und Ole atmen erst mal tief durch und trinken auf den Schreck einen Kaffee. Kim hat auch noch Kekse im Auto. Ole erklärt ihr, was bei den zwei Autos zu tun ist. Nicht nur Kim ist richtig gut in ihrem Job, sondern Ole ist es auch. Die Arbeit geht gut voran. Bereits mittags ist das erste Auto repariert. Sie sind schon bei dem zweiten Auto, als der Chef wiederkommt. Er starrt sie beide an. Anscheinend begreift er nicht, dass schon ein Auto fertig repariert ist. Er herrscht die beiden an: „Zu zweit seid ihr ja noch langsamer als du allein, Ole!"

Kim reicht es. Für das fertige Auto ist schon die Rechnung vorbereitet. Wortlos hält sie ihrem unhöflichen, übel gelaunten Chef diese unter die Nase. Aber der Chef schreit sie an: „Was geht Sie das an? Tun Sie Ihre Arbeit! Hopp, hopp!" Ole hat gespannt das Werkzeug beiseitegelegt. Kim traut sich wirklich was. Er hat es schon lange nicht mehr gewagt, dem Chef etwas zu sagen. Aber er kommt mit dessen Launen auch überhaupt nicht zurecht und leidet seit Jahren sehr darunter, doch er braucht den Job. Warum der Chef so launisch ist, hat Ole nie begriffen. Aber wie geht es nun weiter?

Kim ist aufgefallen, dass der Chef an den Händen und Armen und auch im Gesicht mehrere blaue Flecken und andere kleine Verletzungen hat. Ist er so ungeschickt bei der Arbeit? Außerdem hat sie bemerkt, dass er mit seinem Auto regelrecht auf den Hof der kleinen Werkstatt gerast ist und erst in letzter Sekunde eine Vollbremsung gemacht hat. Ole hat nur mit den Schultern gezuckt und gesagt: „So ist er, wenn er schlecht drauf ist." Kim findet das nicht ganz normal, aber ihr Kaffee scheint dem Chef zu schmecken und an den Keksen hat er sich auch gut bedient. Er kommt schmatzend und mit Kaffeebecher in der Hand aus dem Büro. Auf dem Boden liegen einige Werkzeuge und Ersatzteile herum, wie das eben in einer Werkstatt so ist. Der Chef scheint plötzlich gute Laune zu haben. Verträumt guckt er in die Luft, aber nicht auf den Boden. Kim ruft noch: „Vorsicht, nicht stolpern!" Aber es ist schon zu spät.

Der Chef stolpert über ein Werkzeug, fällt hin und lässt dabei den Kaffeebecher samt Kaffee los. Der Becher fliegt durch den Raum und der Kaffee ergießt sich über die Umgebung. Es ist ein schöner Kaffeebecher. Es steht „Chef" drauf. Geistesgegenwärtig kann Kim den Becher noch auffangen, bevor er auf dem Boden zerschellt wäre. Gerettet! Der Becher ja, der Chef nicht. Jener ist inzwischen wieder aufgestanden. Und jetzt wird es komisch. Mit ein paar blauen Flecken und

Abschürfungen mehr klopft er mit nahezu glücklichem Gesichtsausdruck Kim und Ole auf die Schultern und sagt: „Gute Arbeit!“ Dann verzieht er sich wieder in sein Büro und schenkt sich in den zuvor geretteten Becher einen neuen Kaffee ein. Doch dann fällt sein Blick auf die Kekse, die eigentlich Kim gehören. Er hat sie selbst fast alle aufgegessen. Mit dunklen Wolken über dem Kopf schreit er in die Halle: „Wer von euch beiden hat meine ganzen Kekse aufgegessen? Ich bezahle euch wirklich gut genug, dass ihr euch eigene Kekse kaufen könnt!“

Nun wird es Kim wirklich zu viel, und das schon am ersten Arbeitstag. Das muss sie sich nicht bieten lassen. Sie trauert plötzlich ihrer alten Werkstatt hinterher. Aber sie reißt sich zusammen. Gern würde sie jetzt weinen, aber Kim weint nicht. Das ist es nicht wert, wirklich nicht. Stattdessen geht sie zu ihrem Auto. Darin hat sie immer Schreibzeug liegen. Sie setzt sich ins Auto und schreibt etwas auf. Ole ahnt Schlimmes. Er mag Kim und sie arbeiten wirklich gut zusammen. Außerdem fühlt er sich durch sie gestärkt gegen die Launen seines Chefs. Doch Kim schreibt, so befürchtet Ole, gerade ihre Kündigung. Tatsächlich, seine Befürchtung wird wahr. Kim kündigt ihren Job fristlos. Selbstbewusst drückt sie ihrem aufgewühlten Chef das Papier in die Hand. Dieser knallt daraufhin hinter sich die Bürotür zu. Wortlos.

Ole sagt traurig zu Kim: „Das kannst du doch nicht tun! Ich habe mich so gefreut, dass du jetzt hier bist.“ Kim erwidert: „Doch, es geht nicht anders. Ich kann so nicht arbeiten.“ Dann hört Ole sich selbst sagen: „Gut, wenn du gehst, dann gehe ich auch. Ich halte es schon lange nicht mehr aus. Hast du noch ein Blatt Papier für mich?“ Kim nickt und gibt Ole einen Zettel und einen Stift. Ole klopft anschließend an die Tür des Chefs, um ihm seine fristlose Kündigung zu überreichen. Doch der Chef antwortet nicht und die Tür ist abgeschlossen. Aber es ist ein Spalt unter der Tür. Da schiebt Ole seine Kündigung einfach durch. Kim klopft ihm auf die Schulter und sagt: „Bravo!“ Dann schlägt sie vor, das zweite Auto wie versprochen fertig zu reparieren und die Halle noch aufzuräumen. So tun sie es.

Es ist spät geworden für die beiden. Beim Chef im Büro ist es immer noch still. Irgendwie beunruhigend, denkt Kim. Fast macht sie sich Sorgen. Sie legt ein Ohr an die Bürotür. Dann winkt sie Ole herbei. Man hört ein leises Schluchzen und Wimmern, das sich irgendwie auch betrunken anhört. Kim befürchtet, dass der Chef einen Nervenzusammenbruch hat. Sie ruft durch die geschlossene Tür: „Machen Sie auf, Herr Hansen, sonst treten wir die Tür ein und holen Ihnen einen Arzt!“ Ihr energischer Ton zeigt Wirkung. Die Tür geht auf und ein verheulter, völlig betrunkener Chef fällt ihnen in die Arme. Er weint: „Ihr könnt mich doch nicht allein lassen. Keiner mag mich. So war es schon immer. Und jetzt wollt ihr mich auch noch mit meiner Werkstatt allein lassen. Ich kann nicht mehr weiter. Ich bekomme mich einfach nicht in den Griff."

Kim und Ole nicken sich zu. Synchron zerreißen sie ihre Kündigungen. Kim duzt den Chef jetzt auch und sagt zu ihm: „Weißt du, Chef, ich weiß nicht, was mit dir los ist und woher das kommt, aber ich gebe dir noch eine Chance. Du bist jetzt im nächsten Monat Chef auf Probe. Ole und ich wollen versuchen, dir zu helfen, wenn du willst. Du kannst dich ändern, du kannst es schaffen. Wenigstens kannst du es versuchen. Aber tust du das nicht und lässt dir dabei nicht helfen, bin ich weg und nehme Ole auf jeden Fall mit!" Ole nickt und grinst. Wow, diese Kim, was die sich traut. Der Chef muss diese Aussagen erst mal verarbeiten, aber er beruhigt sich langsam. Er sagt: „Ich weiß nicht, ob ich das kann. Aber ich brauche euch doch hier. Und zu Hause ist auch niemand, der auf mich wartet." Kim hat inzwischen den Autoschlüssel vom Chef einkassiert und sagt: „Chef, wir fahren dich jetzt nach Hause. Und wehe, es geht so weiter mit dir!"

Im Moment scheint der Chef besänftigt zu sein und sogar etwas besser gelaunt. Aber wie wird es am nächsten Tag sein? Wird er sich noch ändern können? Und halten Kim und Ole es überhaupt dauerhaft mit ihm aus? Wie groß sind die Chancen, dass alle ein zufriedenes Team werden? Der Chef ist erst 40 Jahre alt. Man sagt doch, es ist nie zu spät. Das ist jedenfalls die Meinung von Kim. Ole ist da skeptisch. Er hat die Launen des Chefs schon seit seiner Lehre ertragen müssen. Aber er möchte sich gern positiv überraschen lassen.

7. ERFAHRUNGSBERICHT

Sharon ist 30 Jahre alt und arbeitet seit einigen Jahren als Designerin und Texterin in einer kleinen Werbefirma. Es ist eine wirklich kleine Firma, bestehend aus ihrem Chef Hendrik und ihrer Kollegin Jessica, die alle anfallenden Büroarbeiten erledigt, und das richtig gut und zuverlässig. Hendrik ist mit seinen 35 Jahren auch noch jung, Jessica ist sogar erst 27 Jahre alt. Das Trio arbeitet gut zusammen, ist aufeinander eingespielt und versteht sich auch privat gut. Es gibt immer genügend Aufträge, sodass alle ein gutes Auskommen haben. Aber da geschieht etwas. Sogar etwas besonders Schönes. Jessica wird Mama. Deswegen will sie sich eine Auszeit nehmen, damit sie sich um ihr Kind kümmern kann.

Der Chef und Sharon freuen sich für Jessica, aber wie sollen sie nun die ganze Arbeit allein schaffen? Jessica will später wieder in der Firma mitarbeiten. Zunächst versuchen Hendrik und Sharon, Jessicas Aufgaben zu übernehmen. Aber schon nach vier Wochen müssen sie einsehen, dass sie nicht auch noch die ganze Büroarbeit miterledigen können. Oft sitzen sie noch am späten Abend in der Firma. Das geht so nicht weiter. Also muss eine Ersatzkraft her. Die ist auch bald gefunden, sie heißt Thea und ist 32 Jahre alt. Sie hat gute Referenzen, wirkt nett und arbeitet sich gut ein.

In den ersten Wochen läuft alles prima. Allerdings redet sie nebenbei viel, während Sharon versucht, sich auf ihre Arbeit zu konzentrieren. Und dann fragt sie auch noch andauernd, ob jemand Kaffee will. Als der Chef zu ihr sagt, dass er keinen Herzinfarkt haben möchte, ist sie beleidigt und verzieht sich schlecht gelaunt an ihren Arbeitsplatz. Dabei sagt sie: „Ich habe es wirklich nur gut gemeint." Ihre schlechte Laune wirkt sich auch auf ihre Arbeit aus. Den Rest des Tages starrt Thea lustlos vor sich hin und schafft nichts. Das geht natürlich nicht. Hendrik und Sharon werden nervös. In dieser kleinen Firma muss man sich auf jeden verlassen können.

Am nächsten Tag kommt Thea zu spät zur Arbeit. Auch an den folgenden Tagen ist sie unpünktlich. Dann ist sie für eine Woche krankgeschrieben. Hendrik sagt besorgt: „Was ist das für ein Spiel?" Sharon beschwichtigt: „Kann ja mal vorkommen. Sie war doch eigentlich gut. Manche Leute sind eben leicht eingeschnappt und fühlen sich dann auch krank." Hendrik schüttelt den Kopf. Er konnte doch einfach nur nicht noch mehr Kaffee trinken. Das kann doch nicht allein deswegen sein.

Sharon nimmt sich vor, die neue Kollegin gleich nach Feierabend aufzusuchen, um zu sehen, wie schlimm es wirklich um sie steht. Sie fährt zu Theas Adresse und klingelt an der Haustür des Mehrfamilienhauses. Erst kommt keine Reaktion, aber dann hört sie Theas Stimme, die durch die Gegensprechanlage fragt: „Wer stört?" Und leider muss Sharon feststellen, dass Thea sich vollkommen betrunken anhört. Sharon fragt, ob sie reinkommen kann. Nein, darf sie nicht, und sie wird sogar angeschrien, dass sie verschwinden soll. Sharon ist allmählich genervt von dieser Thea. Das ist so krass, dass sie es kaum glauben kann. Aber sie will ihrem Chef zunächst nichts darüber berichten, sonst sitzt Thea gleich auf der Straße und wer weiß, was der wahre Grund für ihr Verhalten ist. Morgen schon soll sie ja eigentlich wieder in die Firma kommen.

Aber zunächst sieht es nicht danach aus. Doch dann kommt sie doch, eine Stunde zu spät. Ohne einen weiteren Kommentar oder eine Entschuldigung setzt sie sich wie selbstverständlich an ihren Arbeitsplatz. Die nächsten Tage scheint sie sich nur für ihre Arbeit zu interessieren und ist sogar fast pünktlich. An einem der folgenden Tage humpelt sie jedoch mit einem Verband um einen Fußknöchel in die Firma. Sie wirkt aufgeräumt und gesellig, macht sogar einen Witz über ihren verletzten Fuß. Aber was passiert ist, will sie nicht sagen.

In der nächsten Zeit wechseln sich ihre Zustände ab. Mal ist sie pünktlich, mal viel zu spät. Manchmal wirkt sie angetrunken, und hin und wieder trägt sie an verschiedenen Körperstellen einen Verband. Mal wirkt sie entspannt, mal sehr mies gelaunt. Ihre Laune schwankt von einem Tag auf den anderen, teils ändert sie sich auch während eines Tages. Man weiß nie, was als Nächstes passiert. Hendrik hat diesem Treiben jetzt langsam genug zugeschaut. Ihm reicht es. Er stellt Thea zur Rede. Er will wissen, was mit ihr los ist. Sie meint, dass ihr Verhalten ganz normal sei. Ihre Arbeit verrichtet sie tatsächlich auch nicht schlecht. Sie ist ständig mit etwas beschäftigt, macht kaum Pause. Aber andererseits kann man auch nie wissen, ob und wann sie zur Arbeit kommt und in welchem Zustand sie dann ist. So geht es nicht. Hendrik mahnt sie ab.

Thea verkrümelt sich daraufhin an ihren Arbeitsplatz. Dort starrt sie vor sich hin und murmelt Dinge, die Sharon lieber nicht hören würde. Beleidigungen sind auch dabei. Sharon ist verärgert und beunruhigt zugleich. Sie spricht Thea darauf an, was mit ihr los ist. Thea erklärt, dass sie sich doch so sehr um alles kümmert und in ihrem Leben nur auf Menschen trifft, die extrem undankbar sind und sie überhaupt nicht verstehen. Während sie spricht, wird sie immer trauriger und fängt an zu weinen. Sharon möchte sie tröstend in die Arme nehmen, aber genau in dem Moment kommt der Chef herein. Plötzlich schlägt Theas Kummer in Wut um. Sie springt auf, beschimpft Hendrik und bewirft ihn mit Büroutensilien von ihrem Schreibtisch. Hendrik kann gerade noch aus der Tür flüchten, um nicht getroffen zu werden. Er kommt danach nicht wieder rein. Sharon sagt zu Thea: „So, das war's wohl. Ich glaube, du kannst einpacken."

Aber sie geht zum Chef, um noch ein letztes gutes Wort für Thea einzulegen. Hendrik sitzt in seinem Büro und lacht vor sich hin. Sharon versteht seine Reaktion. Was Thea da abliefert, ist wirklich wie im Kindergarten. Dann sagt Hendrik, was zu befürchten war: „Ich muss Thea jetzt kündigen. Sonst geht hier bald alles drunter und drüber. Dann müssen wir die Arbeit eben allein schaffen, bis Jessica wieder da ist.“ Sharon schaut den Chef zweifelnd an. Wie soll das gehen? Dann ruft Hendrik Bilder im Internet auf und zeigt sie Sharon. Auf den Fotos ist Thea allein zu sehen. Es sind Selfies in wirklich gefährlichen Situationen und an wirklich gefährlichen Orten. Jetzt erklärt sich auch, woher die vielen Verletzungen kommen. Thea scheint tatsächlich psychische Probleme zu haben.

Sharon schlägt vor, Thea noch eine letzte Chance zu geben, wenn sie an sich arbeitet und einen Psychologen aufsucht. Doch als sie ihr das mitteilen möchte, ist Thea bereits gegangen. Am nächsten Tag erscheint Thea pünktlich und gut gelaunt am Arbeitsplatz. Sharon teilt ihr mit, was sie und ihr Chef von ihr erwarten. Sofort ist Theas Laune wieder unterirdisch. Aber sie macht wenigstens ohne weitere Wutausbrüche ihre Arbeit. Immerhin. An einem der folgenden Nachmittage hat sie angeblich einen Termin beim Psychologen.

Es ist ein schöner Sommertag und Hendrik schlägt Sharon vor, früher Feierabend zu machen. Eigentlich ganz schön, denkt Sharon. Aber andererseits freut sie sich immer, wenn sie in der Nähe von Hendrik ist. Sie sind beide Singles und Sharon hofft eigentlich seit Jahren, dass da noch mehr ist. Aber Hendrik erzählt, dass er noch ein Date mit einer Frau hat, die ihm schon seit vielen Jahren gefällt. Ein schöner neuer Biergarten habe gerade eröffnet und er müsse jetzt los. Sharon schluckt. Bloß nichts anmerken lassen. Aus der Traum von Hendrik und ihr. Sie war immer ein „Träumerchen“. Hendrik fragt Sharon noch, ob sie die Firma heute abschließen kann, und schon ist er weg in Richtung seines Autos. Sharon atmet tief durch und verlässt dann auch die Firma. Die Sonne scheint, aber Sharon kann das im Moment nicht genießen. Hendrik ist noch auf dem Parkplatz und räumt anscheinend noch sein Auto auf. Sie will ihm tapfer noch einen schönen Tag wünschen, da sagt er strahlend zu ihr: „Na, du hast dir aber Zeit gelassen.“ Dann öffnet er für sie die Beifahrertür und freut sich über ihren Gesichtsausdruck. Sharon kann es kaum glauben. Sie kneift sich in den Arm, aber es ist die Wirklichkeit. Hendrik hat sie gemeint, sie ist das Date.

Es wird ein wirklich schöner Tag für die beiden und keiner denkt im Moment mehr an Thea, die hoffentlich wirklich beim Psychologen ist. Aber wie geht es morgen weiter? Wird Thea wirklich an sich arbeiten oder werden die Schwierigkeiten immer weitergehen? Wie sollen die beiden mit Thea umgehen? Wird Thea einsehen, dass sie Hilfe braucht? Und was für eine Art von Hilfe braucht sie bei ihren Problemen? Können Chef und Kollegin ihr überhaupt neben der Arbeit helfen? Und wie wird Thea die beginnende Beziehung der beiden aufnehmen?

8. ERFAHRUNGSBERICHT

Die 36-jährige Lisa wohnt in einer schönen kleinen Wohnung in einer Kleinstadt im Norden. Sie führt ein zufriedenes Leben als Single. Besonders glücklich ist sie bei der Arbeit in ihrem Traumberuf als Tierheilpraktikerin. Sie arbeitet zusammen mit einer Tierärztin in einer Gemeinschaftspraxis. Schon vielen Tieren hat sie mit ihrem Wissen und ihren Fähigkeiten helfen können. Nach Feierabend unternimmt sie gern Wanderungen durch die Natur. Auch hat sie viele grüne Pflanzenfreunde in der Wohnung und auf dem Balkon. Sie ist ein Naturmensch.

Vor ein paar Wochen ist in ihre direkte Nachbarwohnung ein interessanter neuer Nachbar eingezogen. Er heißt Thomas, ist 40 Jahre alt und sehr sympathisch. Die beiden haben auf Anhieb einen Draht zueinander. Kein Wunder, denn Thomas ist aktiv im Natur- und Umweltschutz und sein Beruf ist es, Bäumen zu helfen. Er ist Baumkletterer. Schon so mancher Baum wurde durch seinen fähigen Einsatz gerettet. Nebenher hat er auch schon die eine oder andere Katze vom Baum geholt und auch so manchem anderen Tier geholfen. Auch Thomas ist zurzeit Single. Wie könnte es also besser kommen im Leben? Die beiden finden schnell zueinander, verlieben sich und erleben in Harmonie und Einklang viele schöne Dinge.

Die ruhige Zweisamkeit wird jedoch jäh gestört, als Lisa plötzlich eine Nachricht von einer Freundin aus ihrer Kindheit bekommt. Ihr Name ist Marie und sie war damals ihre beste Freundin. Obwohl das gleichaltrige Mädchen ziemlich launisch war, haben die beiden sich dank Lisas Geduld und Gelassenheit gut vertragen. Lisa hatte viel Verständnis für Marie, die es in ihrer Familie nicht leicht hatte. Ihre Eltern stritten sich ständig und oft sogar sehr heftig. Eigentlich ging es fast nur um den Zwist zwischen den beiden und Marie schien kaum eine Rolle zu spielen. Das Mädchen litt sehr unter der Situation. Die Eltern stritten sich auch im Auto und brachten sich und teils auch Marie dadurch öfter in gefährliche Situationen. Eines Tages ist dann etwas sehr Grauenhaftes geschehen. Maries Eltern sind bei einem Verkehrsunfall ums Leben gekommen, als das Mädchen neun Jahre alt war. Marie war zum Glück nicht mit im Auto, sondern gerade zum Spielen bei Lisa. Es war für alle ein großer Schock.

Marie war nach dem Schicksalsschlag zunächst nicht mehr ansprechbar. Ihre Großeltern nahmen sie dann bei sich auf und sorgten für sie. Nach einer gewissen Zeit schien sie sich etwas gefangen zu haben, aber ist dann mit ihren Großeltern in eine andere Stadt gezogen. Lisa und Marie haben zwar ab und zu noch telefoniert oder geschrieben, aber zunehmend den Kontakt verloren. Vor einiger Zeit hat Marie ihrer Freundin mitgeteilt, dass sie in einer festen Beziehung lebt und geheiratet hat. Sie hat Lisa mehrfach erzählt, wie glücklich sie mit ihrem Leben sei, wie beliebt und geschätzt sie überall sei und wie viele tolle Freunde sie habe. Mit ihrem Job als Bäckerin sei sie auch sehr zufrieden. Auch ihre Ehe sei überaus glücklich. Dann hat sie sich nicht mehr gemeldet und war für Lisa nicht zu erreichen.

Doch nun ist sie wieder da, und das sogar wörtlich. Vor Kurzem hat sie sich wieder bei Lisa gemeldet und ihr eröffnet, dass sie in ihre alte Stadt zurückzieht, in der Lisa immer noch wohnt. Ihre Ehe ist gescheitert, Kinder hat sie nicht, ihr Ex-Ehemann ist auf einmal der schlechteste Mann auf der ganzen Welt. Auch im Job ist sie nun doch unzufrieden und ihre tollen neuen Freunde sind auch nicht mehr so toll. Alle haben sie immer nur ausgenutzt und sie nie verstanden. Sie will zurückkehren, um einen Neuanfang zu machen, und möchte mit Lisa wieder so viele schöne Dinge erleben wie früher in der Kindheit. Lisa freut sich eigentlich auf Marie, aber Thomas und sie machen doch jetzt so viel zusammen und sind wirklich glücklich verliebt. Marie weiß davon nichts, weil Lisa und Marie seit dem Beginn von Lisas Beziehung keinen Kontakt hatten und es sich bei dem einen Gespräch neulich nicht ergab, davon zu berichten.

Lisa fragt bei Marie noch an, ob sie Hilfe beim Umzug braucht, aber Marie ist schon da. Sie ist bereits umgezogen und hat auch schon einen Job in einer Bäckerei gefunden. So schnell hat Lisa damit nicht gerechnet. Eigentlich wollte sie erst ihren Thomas darauf vorbereiten. Zuvor hatte sie ihm schon von dieser Marie aus ihrer Kindheit erzählt, aber dass sie nun praktisch nebenan wohnt, weiß er noch nicht. Und plötzlich steht Marie nun ohne Vorankündigung vor Lisas Tür. Nach einer kurzen Umarmung beginnt sie ohne Umschweife mit einem nicht enden wollenden Redeschwall über ihr Leben in den letzten Jahren und wie schlecht doch ihr Mann war.

Lisa wird nervös. Thomas kommt gleich hungrig von einer Baumrettungsaktion zurück und sie wollte ihn mit einem Abendbrot überraschen, das er wie kein anderes liebt: Lisas selbst zubereitete vegetarische Burger. Sie hatte bereits mit dem Zubereiten angefangen und versucht nun, damit weiterzumachen, während Marie ihr auf den Hacken steht und ihren Redeschwall fortsetzt. Aber sie kommt nicht voran und wird ein bisschen traurig. Irgendwie nervt Marie. Und warum guckt sie so komisch auf das Essen? Lisa fühlt sich überwacht. Sie erinnert sich, dass Marie sie schon in der Kindheit genau beobachtet, auf Schritt und Tritt verfolgt und von anderen Freunden abgesondert hat. Außerdem war Marie schon immer eine Besserwisserin. Lisa wartet schon förmlich darauf, dass Marie einen unerwünschten Kommentar abgibt.

Aber gerade, als diese dazu ansetzen möchte, geht die Tür auf und Thomas steht so, wie er eben vom Baum gekommen ist, in der Wohnung. Er hat bereits einen eigenen Schlüssel für Lisas Wohnung. Sein glücklicher Gesichtsausdruck verrät Lisa, dass der arme, alte Baum gerettet ist. Thomas riecht schon von der Tür aus sein Lieblingsessen und stürmt erfreut schnuppernd in die Küche zu seiner Lisa. Doch da prallt er auf Marie, die zwischen ihm und Lisa steht. Geistesgegenwärtig und freundlich, wie er so ist, stellt er sich vor und fragt dann höflich: „Und wer bist du?"

Marie jedoch starrt Lisa erbost an und fragt in barschem Ton: „Lisa, wer oder was ist das? Das hättest du mir erzählen müssen. Du hast also eine Beziehung? Dann bin ich hier heute wohl überflüssig!" Mit diesen Worten dreht sie sich auf dem Absatz um und verlässt Lisas Wohnung, wobei sie die Tür kräftig zuknallen lässt. Einen Moment später fährt draußen ein Auto mit Vollgas und wütendem Gehupe davon. Lisa ist erstarrt. Regungslos, aber noch mit Küchenutensilien in den Händen. Sie ist vollkommen schockiert. Aber Thomas lacht und sagt nur ein Wort: „Marie!" Ist er hellsichtig?

Lisa steht immer noch wie angewurzelt da. Sanft nimmt Thomas ihr die Küchenutensilien aus den Händen und setzt seine Lisa auf einen Stuhl. Dann macht er sich selbst daran, das Essen fertig zuzubereiten, und er macht es gut. Aber wie kann er so ruhig bleiben nach Maries Auftritt? Lisa kommt nun langsam wieder zu sich. Während sie Thomas ein paar Eichenblätter vom Pullover zupft und einen Kuss gibt, sagt sie mit verzweifeltem Blick: „Hilfe, Thomas, sie wohnt jetzt hier in der Nähe. Wenn das so weitergeht, was wird aus uns?" Lisa hat plötzlich ganz große Angst um ihr schönes Leben und ihre wundervolle Beziehung zu Thomas.

Sie weiß noch aus ihrer Kindheit, wie unberechenbar Marie sein kann. Marie hat ihr damals schon so manchen Tag und manchen Spaß verdorben, und sie war extrem eifersüchtig. Lisa musste immer alles tun, was Marie wollte, sonst gab es gleich Ärger. Und so, wie es aussieht, ist mit Marie nichts besser geworden. Im Gegenteil. Maries kurzer Auftritt nach der langen Zeit lässt befürchten, dass alles im Lauf der Zeit noch viel schlimmer geworden ist.

Thomas hat inzwischen den Tisch gedeckt, sich zu Lisa gesetzt und füttert seine immer noch neben sich stehende Traumfrau liebevoll mit einem Veggieburger. Dabei sagt er fürsorglich: „Mund auf, Mund zu, kauen, schlucken!“ Aber bei Lisa rollen inzwischen die Tränen. Thomas versucht, seine Freundin aufzuheitern, und fragt selbstkritisch: „Zu scharf? Die Burger, meine ich.“ Thomas ist wirklich der Beste. Nun kann Lisa doch lachen. Der Schock ist vorbei. Jetzt sieht sie auch, was für ein alberner Auftritt von Marie das war. Beide lachen nun. Da sitzen zwei gestandene Menschen, die im Beruf und für die Welt alles geben, und lassen sich das Abendbrot verderben? Thomas sagt weise: „Marie kann uns leidtun, aber sie sollte uns kein Leid antun dürfen!“ Das ist mal wieder einer von Thomas typischen Sätzen. Die Stimmung wird entspannter.

Etwas später schaut Lisa auf ihr Handy, denn manchmal wird ihre Hilfe auch abends noch in der Tierarztpraxis benötigt. Aber da ist keine Nachricht von der Praxis, dafür jedoch gefühlt 1000 Nachrichten von Marie, die nichts Gutes vermuten lassen. Lisa will davon gar nichts wissen. In dem Moment kommt Thomas aus dem Badezimmer zurück. Er trägt ein unbekanntes Utensil in der Hand. Während er es vor Lisa in die Luft hält, fragt er mit gespieltem Entsetzen: „Seit wann benutzt du Lippenstift?“ Lisas Blick ist auch entsetzt, aber nicht gespielt. Sie antwortet: „Oh nein, der muss Marie gehören. Das hat sie mit Absicht gemacht!“

Gerade, als Thomas fragen will: „Warum mit Absicht?“, klingelt es schon unten an der Haustür. Marie. Durch die Gegensprechanlage schreit sie: „Mein Lippenstift! Ich brauche sofort meinen Lippenstift zurück!“ Thomas verhindert gerade noch, dass Lisa gehorsam die Tür öffnet. Stattdessen öffnet er das Fenster zur Straße und ruft Marie. Prompt erscheint diese auf dem Bürgersteig unter dem Fenster. „Hier kommt dein Lippenstift!“, ruft Thomas und wirft den begehrten Gegenstand zu Marie herunter. Dann schließt er ungerührt das Fenster, während Marie unten vollkommen ausrastet. Lisa ist ein wenig entgeistert. Darf man so etwas gegenüber einer so verstörten Person wie Marie tun?

Lisa weiß, dass davon keine Ruhe sein wird. Thomas kann anscheinend Gedanken lesen, denn er sagt: „Aber zumindest für heute ist Ruhe!“ Und damit hat er Recht. Es klingelt nicht mehr und es kommen auch keine Nachrichten von Marie. Aber innerlich hat Lisa nicht wirklich Ruhe. Marie hat doch schon seit ihrer Kindheit Probleme und jetzt anscheinend noch mehr. Lisa fühlt sich verantwortlich für ihre Freundin.

Thomas schüttelt den Kopf: „Wir müssen beide in unseren Berufen alles geben und brauchen unsere Energie dafür. Ich glaube, Marie ist so verstört, dass wir ihr nicht helfen können. Für so etwas gibt es Psychologen. Natürlich können wir auch versuchen, einen Teil beizutragen. Aber wir dürfen nicht zulassen, dass sie uns kaputtmacht. Lisa, du musst lernen, dass du nicht für Marie und ihre Probleme verantwortlich bist. Lass dich von ihr nicht vereinnahmen, bitte!" Lisa entgegnet niedergeschlagen: „Du hast ja Recht, Thomas, aber ich befürchte, mit unserem Frieden ist es aus. Marie wird nicht lockerlassen und nerven, wo sie kann." Ihr Freund antwortet ruhig und zuversichtlich: „Mach dir keine Sorgen, das schaffen wir zusammen. Die kriegt unsere Beziehung nicht kaputt."

Doch Lisa fragt sich, wie lange ihre Nerven es durchhalten, Marie in der Nähe zu haben. Und sie macht sich trotz allem Sorgen um Marie. Was wird aus ihr? Kann sie ihre Probleme bewältigen? Wie kann man ihr dabei helfen?

9. ERFAHRUNGSBERICHT

Isabella ist 34 Jahre alt und arbeitet als Lehrerin an einer Gesamtschule ihrer Stadt. Es ist eine wirklich gute Schule, ein nettes Kollegium und die allermeisten Schüler sind auch zufrieden und glücklich dort. Man geht gut miteinander um, bemüht sich um Harmonie, keiner wird links liegen gelassen. Isabella unterrichtet Englisch und Geschichte. Am Ende des letzten Schuljahres ist ein liebenswerter Kollege in den verdienten Ruhestand gegangen. Alle vermissen ihn nun. Auch bei den Schülern war er sehr beliebt. Unterrichtet hat er Deutsch und Geschichte. Es musste Ersatz für ihn gefunden werden, und zwar möglichst jemand, der in die harmonische Schule passt.

Der neue Lehrer, der zum neuen Schuljahr seine Arbeit an der Schule aufnehmen soll, heißt Johannes. Der 45-Jährige macht einen sympathischen Eindruck. Vorher hat er an einer Schule in einer weit entfernten Stadt gearbeitet. Sehr viel ist nicht über ihn bekannt. Man weiß auch nicht, ob er beliebt war und warum er überhaupt an diese Schule wechselt. Der Schulleiter hat aber den Kollegen zuvor eingeschärft, Johannes nicht auf seine Beweggründe anzusprechen. Es lägen wohl familiäre Gründe vor. Man fragt den Neuen also nicht aus, sondern empfängt ihn freundlich und offen und gibt ihm Zeit, um sich einzugewöhnen.

Die Schüler der Klassen, in denen er jetzt unterrichtet, scheinen aber etwas misstrauisch zu sein. Sie vermissen ihren alten, geliebten Lehrer. Johannes scheint vollkommen anders zu sein, hat auch einen vollkommen anderen Unterrichtsstil. Isabella unterrichtet Englisch in zwei der Klassen, in denen Johannes Deutsch- und Geschichtsunterricht gibt. Irgendetwas scheint merkwürdig zu sein. Sie fragt die Schüler, was mit ihnen los sei. Zunächst will niemand etwas sagen, doch dann sprudelt es aus den Schülern heraus.

Die 15-jährige Katja, die gute Noten hat und als offen und tolerant bekannt ist, fängt an: „Der neue Lehrer ist wirklich komisch. So etwas wie ihn habe ich in meiner ganzen Schulzeit noch nicht erlebt." Isabella fragt: „Wie meinst du das?" Aber da sagt schon Lukas: „Ich glaube, der hat zumindest von Geschichte keine Ahnung. Er bringt oft alles durcheinander." Hanna fügt hinzu: „Und wenn wir ihm sagen, dass er einen Fehler gemacht hat und ihm das sogar beweisen, flippt er vollkommen aus." Isabella ist schockiert und fragt: „Seid ihr sicher?" Alle nicken.

Die Lehrerin fährt fort: „Ich glaube euch. Was tut er dann, wenn er ausflippt?" Jonas erklärt: „Er guckt uns wütend an, schreit oder lacht uns sogar aus. Er sagt, er sei der Lehrer und wir hätten keine Ahnung. Er hat uns auch schon mit Kreide beworfen und aufs Pult gehauen. Außerdem bestimmt er, wann wir lüften dürfen." Noah grinst währenddessen stillvergnügt vor sich hin. Er trägt am liebsten Hoodies und ist sehr aktiv im Sinne der Zukunft dieser Welt. Alle lieben ihn für seinen Mut und seine Hilfsbereitschaft gegenüber Mensch, Tier und Pflanze. Sein Grinsen macht Isabella neugierig. Was weiß Noah? Sie sagt zu ihm: „Na, mutiger Retter unseres Planeten, erzähl. Du hast doch etwas auf Lager."

Noah sagt in schlichtem, bescheidenem Ton, der ihm zu eigen ist: „Ja, es ist so. Nicht nur, dass der Neue mich vor Kurzem mit einem nassen Schwamm beworfen hat, weil ich meine Kapuze noch aufhatte, sondern er hat mich mit seinem Auto vor ein paar Tagen fast überfahren. Es war kurz vor dem Schulgelände, ich war auf dem Fahrrad und konnte fast nicht mehr bremsen. Er ist einfach weitergefahren, hat auch noch gehupt und aus dem Fenster gepöbelt ‚Sch... Kapuzenträger'. Wie ich so bin, bin ich natürlich seinem Auto hinterher bis auf den Parkplatz und habe ihn zur Rede gestellt. Er hat nicht nur keine Einsicht gezeigt, sondern ich habe auch bemerkt, dass er eine Alkoholfahne hatte. In seinem Auto lag eine halb leere Wodkaflasche. Als ich ihn darauf angesprochen habe, hat er mir mit der Faust gedroht und gesagt, ich solle abhauen und ‚das Maul halten', sonst würde es mir schlecht ergehen und er würde schon für schlechte Noten sorgen. Dann ist er mit einem Kaugummi im Mund in Richtung Lehrerzimmer gegangen."

Der Junge fährt fort: „Überhaupt ist er auch extrem launisch. Meistens hat er schlechte Laune und scheint irgendwie abwesend zu sein. Und dann gibt es Tage, da ist er plötzlich wie ausgewechselt, macht die ganze Zeit irgendwelche Witze, die aber nicht wirklich lustig sind, und tut so, als ob er der beste Kumpel der Schüler wäre. Er behauptet auch, dass er an seiner letzten Schule sehr beliebt war und dass es an uns liege, wenn er immer wieder so üble Laune habe. Ja, und dann haben mir meine Eltern auch noch vom letzten Elternabend erzählt, dass er da merkwürdigerweise auch noch einen Auftritt hatte. Sie sagten, dass seine Sprüche über uns Schüler und ein paar Lehrerkollegen so kaputt waren, dass einige Eltern sich gegruselt haben. Unser Klassenlehrer, Herr Schmidt, war ja auch dabei. Ich glaube, er ist auch aus allen Wolken gefallen!"

Isabella ist schockiert. Sie hat schon gehört, dass es solche Kollegen in ihrem Beruf geben soll, aber warum muss so jemand jetzt ausgerechnet an ihre Schule kommen? Sie kann es kaum glauben. Was soll sie nun tun? Sie muss den Schülern helfen, das verspricht sie. Aber wie soll sie das anstellen?

Es ist jetzt große Pause. Isabella bemüht sich, ihr Temperament im Griff zu behalten und ruhig zu bleiben. Nach und nach treffen die Kollegen im Lehrerzimmer ein, auch Johannes. Isabella sagt zu ihm: „Wir müssen dringend reden – über deinen Unterricht, dein Verhalten und auch sonst." Der Schulleiter und die anderen Kollegen sehen Isabella gespannt an. Einer fragt: Was ist los?" Isabella sagt mit Blick auf Johannes: „Das soll er mal lieber selbst erzählen."

Johannes tut so, als würde er sich nicht angesprochen fühlen, und fragt scheinheilig grinsend in die Runde: „Wer?" So ruhig wie möglich entgegnet Isabella: „Du, mein Lieber. Also, was ist los mit dir?" Johannes will aber nicht reden, springt wütend auf und schreit: „Na, haben die Schüler dich aufgewiegelt? Du siehst ohnehin aus wie eine von ihnen, bist auch so cool wie die." Und während einigen Kollegen der Mund offensteht, sie sich an ihrem Pausenbrot verschlucken und der Schulleiter seinen heißen Kaffee über seiner Hose verschüttet, stürmt Johannes wutentbrannt aus der Schule zu seinem Auto. Er fährt mit quietschenden Reifen und ohne Rücksicht auf andere Menschen los. Eigentlich müsste er noch Unterricht geben, aber nun ist er weg.

Das Kollegium mag es kaum glauben und fragt Isabella, was sie über den Unterricht des neuen Kollegen weiß. Sie berichtet, was ihre Schüler ihr erzählt haben. Der Schulleiter sagt nur: „Wenn das alles wirklich so stimmt, kann er an dieser Schule nicht unterrichten und sollte überhaupt nicht unterrichten, an keiner

Schule. Er macht uns hier alles kaputt, was wir über viele Jahre hinweg aufgebaut haben. So jemand passt nicht zu uns." Isabella erwidert: „Er hat bestimmt aus irgendeinem Grund psychische Probleme und wird damit nicht fertig, aber die Schüler dürfen nicht darunter leiden. Er braucht dringend eine Therapie. Ich suche ihn nachher mal zu Hause auf. Vielleicht erzählt er mir ja, was los ist." Eine Kollegin fragt besorgt: „Ist das nicht zu gefährlich?" Aber Isabella hat keine Angst.

Nach Schulschluss fährt sie zu Johannes. Ihr wird tatsächlich geöffnet. Im Türrahmen erscheint ein verheultes, sturzbetrunkenes Häufchen Elend. Isabella ist erschüttert. Johannes lässt sie herein und sie fordert ihn freundlich auf, endlich zu erzählen, was mit ihm los ist. Vor sich hin schniefend berichtet er, was ihm alles Schreckliches im Leben passiert ist und dass er eigentlich nicht so sein will. Er versteht sich selbst nicht und meint, dass er keine Kontrolle über sich hat. Er sei doch so gern Lehrer und möchte, dass seine Schüler ihn mögen.

Aber schon in seinem Elternhaus habe es von Anfang an Schwierigkeiten gegeben. Seine Eltern ließen sich scheiden, als er noch ein Kind war. Weil er immer eine Art Außenseiter für alle war, wurde er in seiner Schulzeit von vielen gemobbt, sowohl von Mitschülern als auch von Lehrern. Niemand hat ihn gemocht, wie er war, und zu Hause hatte er gar keine Unterstützung. Sein eigenes Verhalten wurde immer unkontrollierter, er hat sich immer weniger in den Griff bekommen. Im Studium lief es etwas besser und er hat sein Examen geschafft. Er wollte ein guter Lehrer sein, aber irgendwie hat das im Alltag in seiner letzten Schule nicht geklappt. Er hat immer mehr getrunken, hat sich oft einsam und leer gefühlt. Mehrfach hat er versucht, sein Verhalten zu ändern, aber seine Launen und Zustände sind immer schlimmer geworden. Vor Kurzem hat ihn auch noch seine Frau mitsamt seinen beiden Kindern verlassen, weil sie sich von ihm unterdrückt und terrorisiert gefühlt hat und seine Eifersucht nicht mehr ertragen konnte. Danach wollte er sich eigentlich umbringen, aber er hat es dann doch nicht getan.

Stattdessen hat er hier in dieser fernen Stadt auf einen Neuanfang gehofft, hat sich zusammenreißen wollen. Er wollte sein Leben neu gestalten und zum Positiven ändern, aber er hatte sich weiterhin nicht im Griff und konnte seine guten Vorsätze nicht umsetzen. Seine Auftritte in der Schule sind ihm jetzt selbst so peinlich, dass er niemals mehr dorthin zurückkehren will. Er meint, dass er weiß, dass mit ihm nichts mehr besser wird. Jedes Mal, wenn er einen guten Vorsatz umsetzen will, gehe es wieder schief, ohne dass er Einfluss darauf haben könne. Er erzählt, dass er im Nebenfach Psychologie studiert hat und befürchtet, dass er so krank ist, dass ihm in seinem ganzen Leben niemand mehr helfen kann.

Johannes verstummt und fängt wieder an zu weinen. Isabella muss ihn einfach in die Arme nehmen, sie kann nicht anders, sie ist zutiefst erschüttert. Johannes sagt: „Fass das Monster bloß nicht an. Wer weiß, wozu ich noch in der Lage bin. Ich bin mir unheimlich." Isabella versucht, ihn aufzubauen: „Aber dir muss geholfen werden. Lass uns gemeinsam erkundigen, wie dir zu helfen ist. Du kannst doch jetzt nicht einfach alles aufgeben. Bestimmt kannst du dich noch ändern und der gute Lehrer werden, der du sein möchtest und für den du so lange studiert hast. Nach meiner Erfahrung ist es am besten, offen mit allen Problemen umzugehen. Was hältst du davon, wenn wir in den nächsten Tagen mit den Kollegen und dem Schulleiter über deine Lebensgeschichte reden? Dann werden sie dich ganz bestimmt verstehen. Du bist doch ein guter Mensch, der es nur schwer gehabt hat im Leben. Und es ist ganz besonders beeindruckend, dass du trotz aller Schwierigkeiten selbst Lehrer geworden bist. Lass dir doch bitte von uns helfen. Ich rede mit den anderen und erzähle ihnen, was für ein toller Mensch in dir steckt – oder sich in dem Monster versteckt."

Johannes' Tränen sind getrocknet, er stellt den Wodka weg und holt für beide einen Kaffee. Still und nachdenklich setzt er sich neben Isabella. Sie fragt: „Was brütet dein Monsterhirn aus?" Johannes antwortet in ernstem Ton: „Einen Neuanfang, der hoffentlich klappt und dauerhaft bleibt. Und danke." „Wofür danke?", fragt Isabella. Johannes erklärt: „So nett hat schon ewig niemand mit mir gesprochen, wenn überhaupt jemals." Nachdenklich fügt er an: „Doch, ich erinnere mich an jemanden. Mein Hund, den ich früher mal hatte." Isabella entgegnet nur: „Wow", und beide lachen. Zum ersten Mal sieht Isabella, wie ehrlich und offen Johannes wirklich lachen kann, wenn er will. Das ist doch ein guter Anfang, ein guter Neustart. Sie sagt: „Gleich morgen früh klären wir das mit der Schule. Wir bekommen das wieder hin. Aber du musst auch wirklich mitmachen und derjenige werden, der du so gern sein willst. Okay?"

Am nächsten Morgen nimmt Johannes seinen ganzen Mut zusammen, erscheint nüchtern und reumütig in der Schule. Mit Isabellas Hilfe entschuldigt er sich bei Schülern und Kollegen. Und seine Entschuldigung wird angenommen. „Eigentlich ist dieser Mensch doch ganz nett, hoffentlich schafft er es", denken alle.

Ursachen und Entwicklung der Identitätsstörung

Sie haben jetzt bereits einen weiten Einblick in das Erscheinungsbild und die Auswirkungen des Borderline-Syndroms bekommen. Auch einige mögliche Ursachen sind in den Erfahrungsberichten bereits ersichtlich. In diesem Kapitel möchte ich Ihnen die Entstehung der Störung genauer erklären und Ihnen einen tieferen Einblick in die Gedanken- und Gefühlswelt von Borderline-Erkrankten geben.

ENTSTEHUNG UND VERLAUF DER ERKRANKUNG

Borderline wird in den allermeisten Fällen bereits in der Kindheit oder frühen Jugend ausgelöst und erste Anzeichen treten oft schon unmittelbar nach dem auslösenden Ereignis auf. Wie schlimm die Merkmale zu Beginn ausgeprägt sind und ob sich die Störung verschlimmert, bzw. in welcher Geschwindigkeit sich die Symptome gegebenenfalls verstärken, ist von Fall zu Fall unterschiedlich. Manche Betroffenen bleiben für immer auf einer niedrigen Stufe, andere steigern sich schnell zu einer sehr hohen Stufe, bei wieder anderen geht es auf und ab. Der Krankheitsverlauf ist abhängig von diversen Aspekten. Zum Beispiel kann es eine Rolle spielen, wie schwerwiegend das ursächliche Geschehen war, wie die charakterliche und emotionale Grundverfassung des Erkrankten bis dahin war, wie gefestigt seine Identität zuvor war, wie sein Umfeld nach der Entstehung der Störung mit ihm umgeht, welche weiteren Krisen und Rückschläge er eventuell erlebt und natürlich, ob er sich in Behandlung begibt oder nicht.

Tendenziell ist die Störung, wie bereits erwähnt, bei jungen Erwachsenen am schlimmsten. Dies mag darauf zurückzuführen sein, dass man in jüngerem Alter grundsätzlich weniger gefestigt ist, da einem die Lebenserfahrung fehlt, und dass das Leben sich mit Berufsausbildung, Partnerwahl, Auszug von zu Hause etc. in vielerlei Hinsicht in einem anspruchsvollen Wandel befindet. Zudem liegen die Erlebnisse, welche die Störung ausgelöst haben, noch nicht lange zurück, sodass sie die Psyche schwerer belasten als in höherem Alter mit mehr Abstand.

Wie genau kommt es nun aber zur Entstehung der Borderline-Persönlichkeitsstörung? Es kommen viele Ursachen infrage, immer aber muss durch das Ereignis oder die Situation eine große emotionale Belastung und/oder das Gefühl von Minderwertigkeit in dem Betroffenen ausgelöst werden. Eine Gruppe von Ursachen sind traumatische Erlebnisse. Hierzu zählen zum Beispiel körperliche Gewalt, seelische Misshandlung und sexueller Missbrauch, wobei der Betroffene selbst das Opfer sein kann, aber es auch möglich ist, dass er mitansehen musste, wie eine ihm nahestehende Person misshandelt wurde. Ebenfalls gehören schwere Unfälle der eigenen Person oder eines nahestehenden Menschen dazu, genauso wie der Tod einer Bezugsperson. Traumatisch kann es jedoch auch sein, wenn ein Elternteil die Familie verlässt und den Kontakt komplett abbricht.

Eine weitere Gruppe bildet das Verhalten der Eltern in der Erziehung und im Zusammenleben. Borderline kann beispielsweise entstehen, wenn die Eltern das Kind zu wenig beachten, weil sie zum Beispiel zu sehr mit ihrer Arbeit oder ihren eigenen Problemen beschäftigt sind oder weil sie eine psychische Störung wie zum Beispiel Narzissmus haben, aufgrund derer sie sich selbst in den Vordergrund stellen. Es muss nicht immer eine objektiv erkennbare Vernachlässigung vorliegen, sondern es reicht auch aus, wenn das Kind sich lediglich vernachlässigt fühlt. Jeder Mensch ist unterschiedlich und so braucht auch jedes Kind unterschiedlich viel Zuwendung. Erkennen die Eltern nicht richtig, was ihr Kind benötigt, behandeln sie es mit großer Wahrscheinlichkeit falsch, und so kann es geschehen, dass das Kind sich unverstanden und wertlos fühlt.

Dies kann aber nicht nur durch zu wenig, sondern auch durch die falsche Art der Beachtung passieren. Eine sehr strenge Erziehung, bei der das Kind in seinem Freiraum stark eingeschränkt wird und/oder harte Methoden zum Einsatz kommen, kann das Selbstwertgefühl erheblich schwächen und somit die Krankheit auslösen. Es kommt aber wiederum darauf an, wie stark das Kind innerlich ist. Manche besitzen anscheinend von Natur aus mehr Selbstbewusstsein und andere haben das Glück, durch andere Bezugspersonen gestärkt zu werden. In beiden Fällen sind die Kinder widerstandsfähiger gegen negative Einflüsse aus dem Elternhaus. Umgekehrt kann es auch sein, dass ein Kind so sensibel ist, dass bereits wiederholtes Ausschimpfen, Einschränkungen in den persönlichen Interessen und/oder mangelndes Verständnis sein Selbstwertgefühl schwächen. In jedem Fall entsteht Borderline nicht durch einmaliges zu strenges Verhalten der Eltern, sondern erst über einen längeren Zeitraum. Jedoch legen die Eltern durch falsche Umgangs- und Erziehungsformen den Grundstein dafür, dass ihr Kind durch andere Ereignisse leichter Borderline entwickeln kann, da es ohne ein starkes Selbstbewusstsein anfälliger dafür ist.

Auch eine Erziehung ohne jegliche Grenzen kann sich allerdings problematisch auswirken, denn ein Kind muss trotz aller Selbstentfaltung lernen, mit Regeln umzugehen. Dies ist wichtig für seine Entwicklung und zudem sieht es bei anderen Kindern, dass deren Eltern nicht jedes Verhalten gutheißen. Das betreffende Kind fragt sich dann, warum seine Eltern es so anders behandeln, und kommt möglicherweise (unbewusst) zu dem Schluss, dass sie einfach nicht genug Interesse an ihm haben, um ihm das richtige Verhalten beizubringen. Auch wenn die Eltern es mit ihrer antiautoritären Erziehung gut mit dem Kind meinen, entsteht in diesem eventuell das Gefühl von Vernachlässigung und Wertlosigkeit. Ob das der Fall ist, hängt davon ab, wie viel Wertschätzung und Liebe sie ihm ansonsten zeigen und welche weiteren positiven oder negativen Erfahrungen das Kind während seines Heranwachsens macht.

Als weitere Ursache kommt ein Aufwachsen in unsicheren Bedingungen infrage. Ein Gefühl von Sicherheit und Geborgenheit ist insbesondere in der frühen Kindheit, aber auch darüber hinaus wichtig, damit sich das Kind in Ruhe entwickeln und zu sich selbst finden kann. Wichtig sind dabei nicht die äußeren Rahmenbedingungen wie zum Beispiel das Wohnumfeld oder die allgemeine gesellschaftliche Lage, sondern die Situation zu Hause und im allernächsten Umfeld. Wächst ein Kind mit viel Streit auf oder erlebt, wie die Eltern ständig niedergeschlagen oder verzweifelt sind, spürt es die Unsicherheit und wird in seiner Identitätsentwicklung beeinträchtigt. So können zum Beispiel finanzielle Sorgen, Eheprobleme, eine Scheidung bzw. Trennung, Arbeitslosigkeit, gesundheitliche Probleme oder andere Krisen der Eltern zu einer Borderline-Störung des Kindes führen.

Dabei verursacht jedoch nicht die Situation an sich, sondern der Umgang der Eltern mit dieser die Störung. Die Probleme als solche kann ein Kind noch gar nicht in der Tragweite erfassen, es erlebt sie nur so schlimm, wie seine Eltern es ihm zeigen. Insbesondere, wenn die Eltern selbst an psychischen Problemen leiden, alkohol- oder drogensüchtig sind, ist die Wahrscheinlichkeit für eine Borderline-Erkrankung des Kindes erhöht, denn das unkontrollierte, oft auch ungewollt herabsetzende und vernachlässigende Verhalten der Eltern gibt dem Kind das Gefühl von Unsicherheit und Wertlosigkeit zugleich.

Neben den Eltern können jedoch auch andere Personen und Faktoren im Umfeld des Kindes die Störung auslösen, das allerdings in der Regel nur, wenn das Kind nicht genug Rückhalt durch seine Eltern hat, die Ereignisse sehr schwerwiegend sind oder das Kind sehr sensibel ist. Zu nennen seien zum Beispiel Mobbing durch Mitschüler, Herabsetzung durch Lehrer, emotionale Verletzung durch die erste große Liebe, Versagen in der Schule, der Tod eines Haustiers oder der Verlust des gewohnten Umfelds und der Freunde durch einen Umzug in eine weit entfernte Stadt. In jedem Fall ist das individuelle Erleben entscheidend, es kommt also nicht darauf an, dass ein Ereignis objektiv als Belastung eingestuft wird, sondern wie sich der einzelne Betroffene dadurch fühlt. Grundsätzlich gilt also: Je sensibler ein Kind ist und je weniger Selbstbewusstsein es besitzt, desto höher ist die Wahrscheinlichkeit, dass sich Borderline bei ihm entwickelt. Zudem kann es sein, dass durch die jeweiligen Ereignisse nicht Borderline, sondern stattdessen eine andere psychische Erkrankung ausgelöst wird. Gegebenenfalls sind auch mehrere Erkrankungen gleichzeitig möglich.

Je nachdem, wann die Störung ausgelöst wird, ist das Ich-Gefühl entweder gar nicht erst entstanden oder es wird verdrängt. Die Grundidentität bildet sich in den ersten Lebensmonaten, sodass bei negativen Erlebnissen in der Schwangerschaft oder der frühkindlichen Phase eine sehr tiefgreifende Identitätsstörung entsteht. Da das Kind in dem Alter seine Erfahrungen nicht bewusst verarbeiten kann, sondern sie über die Emotionen direkt ins Unterbewusstsein gelangen, ist hier gleichzeitig die Gefahr der Entstehung einer Störung am höchsten, sofern eine äußere Ursache dafür eintritt. Auch für eine Therapie wirkt sich dies erschwerend aus, da keine bewusste Erinnerung an die Ereignisse und insofern auch unter normalen Umständen keine Bearbeitung der Erlebnisse möglich ist. Es gibt jedoch psychotherapeutische Verfahren, die die Verarbeitung unbewusst gespeicherter Erfahrungen möglich machen. Hierauf komme ich im betreffenden Kapitel noch zurück.

Je später die Störung entsteht, desto weiter ist die Identitätsentwicklung bis dahin fortgeschritten, sodass die Persönlichkeit immer gefestigter und stärker wird. Zumindest sollte es so sein – hier spielt wieder die Erziehung eine große Rolle. Ein Kind, das von seinen Eltern mit Respekt und Liebe erzogen und in seiner eigenen Persönlichkeit geachtet und gestärkt wurde, wird so leicht durch nichts aus der Bahn geworfen. Oftmals machen Eltern aber Fehler in der Erziehung, ohne dies zu bemerken, weil sie zu wenig auf die Individualität ihres Kindes eingehen oder allgemein übliche Methoden verwenden, die teils alles andere als respektvoll sind.

Es ist den Eltern in diesem Fall nicht vorzuwerfen, dass sie ihr Kind nicht besser gestärkt haben, denn sie wollten alles richtig machen und dachten auch, dass sie das täten. Normalerweise entsteht durch leichte Erziehungsfehler kein Borderline, sondern allenfalls ein geringes Selbstbewusstsein, das zu verschiedenen „normalen“ Schwierigkeiten im beruflichen und privaten Leben führen kann. Aber es kann eben auch psychische Störungen wie unter anderem Borderline begünstigen. Tritt nun zum Beispiel ein traumatisches Ereignis ein, entwickelt ein Elternteil ein Alkoholproblem oder wird das Kind stark gemobbt, kann es also zu Borderline kommen, auch wenn die Entwicklung der Identität bereits weiter vorangeschritten ist. Wenn mehrere Gründe zusammentreffen, ist die Wahrscheinlichkeit für die Entstehung der Störung zudem höher.

Die Identität bildet sich in verschiedenen Phasen über die gesamte Kindheit und Jugend, sodass ihre Entwicklung auch während dieser gesamten Zeit beeinträchtigt werden kann. Das Ich-Gefühl, das dann schon bestanden hat, wird in diesem Fall verdrängt. Der Betroffene sperrt seine eigene Identität sozusagen in sein Unterbewusstsein ein, denn er verbindet sie mit den belastenden Erinnerungen. Seine Psyche versucht auf die Art, sich vor den negativen Gefühlen, die mit den Erlebnissen verbunden waren, zu schützen, und erachtet das Ich, das diese Dinge erlebt hat, für nicht wertvoll.

Diskutiert wird, ob Borderline bzw. die Veranlagung dazu erblich sein könnte. Eine intensive, instabile Gefühlswelt und ein mangelndes Selbstbewusstsein sei laut einer Ansicht der Wissenschaft durch persönliche Eigenschaften bedingt, die in der Genetik verankert sein könnten. Dem widerspricht allerdings die neurobiologische Erkenntnis, dass die Aktivität der Gene durch den eigenen Lebensstil veränderbar sei. Was im Erbgut vorhanden ist, spiele demnach keine Rolle, da man die Gene quasi an- oder abschalten kann, je nachdem, wie man sein Leben gestaltet und welche Erfahrungen man sammelt. Auch die Resilienzforschung legt nahe, dass die Gene nicht ausschlaggebend für die Entwicklung einer psychischen Störung sein können. Als Resilienz bezeichnet man die psychische Widerstandskraft, die einen befähigt, mit schwierigen Situationen gelassen umzugehen und Lösungen zu finden, um das Beste daraus zu machen. Laut Resilienz-Studien sollen sogar Kinder aus Elternhäusern, in denen beide Elternteile schwere psychische Störungen haben, diese Widerstandskraft entwickeln und ein ganz normales, psychisch gesundes Leben führen können. Die Voraussetzung dafür soll sein, dass sie durch andere Bezugspersonen vermittelt bekommen, dass sie wertvoll sind und ihr Leben in der eigenen Hand haben. Selbst wenn also die Veranlagung zu Borderline bzw.

psychischen Störungen vererbbar sein sollte, würde sie demzufolge nicht zum Tragen kommen, wenn der Betroffene genügend innere Stärke entwickelt.

Die Ansätze der Forschung sind unterschiedlich, aber Einigkeit besteht immerhin darin, dass ohne ein auslösendes Erlebnis auch bei einer etwaigen genetischen Veranlagung kein Borderline entsteht.

DIE KOMPLEXE GEDANKEN- UND GEFÜHLSWELT VON BORDERLINE-ERKRANKTEN

Einem Menschen, der an Borderline leidet, fehlt der Kontakt zu seinem eigenen Selbst, sodass es ihm an Selbstwertgefühl und Selbstbewusstsein mangelt und er ständig auf der Suche nach seiner Identität ist. Da er diese jedoch tief in sich vergraben hat, versucht er, sich durch die Außenwelt zu definieren. Das Gefühl, etwas wert zu sein, entsteht nur in ihm, wenn er von anderen Menschen Anerkennung bekommt. Nach dieser sehnt er sich so sehr, dass er es nicht für möglich hält, sie zu bekommen. Dies ist einer der vielen Widersprüche in der Gedanken- und Gefühlswelt eines Borderline-Erkrankten. Er wünscht sich nichts mehr als die Liebe seiner Mitmenschen und das Gefühl, dass seine Existenz einen Sinn hat. Das wünscht sich im Grunde jeder Mensch, aber bei Borderlinern ist dieser Wunsch so stark ausgeprägt, dass er eine riesige Angst in ihnen auslöst.

Der Erkrankte fürchtet sich zutiefst davor, von anderen Menschen missachtet, abgelehnt oder verlassen zu werden, denn ein derartiges Erlebnis war auslösend für seine Störung. Diese Erfahrung hat er tief in seinem Unterbewusstsein abgespeichert. So tief, dass er bei jedem Menschen vermutet, dass auch dieser ihn verlassen, hintergehen oder auf sonstige Art schlecht behandeln wird. Das, was er sich so sehnlich wünscht, hält er somit niemals für möglich. Seine Gedanken- und Gefühlswelt wird bestimmt durch die Angst vor dem Alleinsein und das Gefühl, niemals gut genug zu sein. So sucht er einerseits Kontakte und erlebt intensive positive Gefühle in der Hoffnung, nun endlich geliebt und verstanden zu werden und den wunderbaren Zustand zu erfahren, den er in seiner Vergangenheit vermisst hat. Andererseits gerät er bei jeder kleinsten Kleinigkeit in Zweifel, ob dieser Mensch es wirklich ehrlich mit ihm meint.

Die Angst, verletzt zu werden und somit erneut den Zustand zu durchleben, den er unbewusst in schmerzhafter Erinnerung hat, macht es ihm unmöglich, an das Gute in anderen Menschen zu glauben. Daraus entsteht eine Angst vor Nähe, die seinem eigentlichen Wunsch, nicht allein zu sein, widerspricht. Diese innere Zerrissenheit wird in seinem Verhalten deutlich. Aus Angst vor dem Alleinsein klammert er sich an seine Mitmenschen, überhäuft sie mit Nachrichten und Anrufen, will immer mit ihnen zusammen sein, hat ein großes Bedürfnis nach Zuneigungsbekundungen und beansprucht sie vollkommen für sich, sodass er auf andere Kontakte eifersüchtig reagiert und diese zu unterbinden versucht. Er möchte die Partnerschaft, Freundschaft o. Ä. kontrollieren, um zu verhindern, dass die betreffende Person ihn im Stich lässt.

Da er aber genau das in jedem Fall kommen sieht, möchte er sich andererseits von dem Menschen distanzieren. Das zeigt sich darin, dass er plötzlich Zeit für sich allein beansprucht, während er sonst Vorwürfe macht, dass der andere nicht genug Zeit für ihn hat, und dass er sich mit anderen Personen treffen will, obwohl er seinem Partner, Freund o. Ä. nicht zugesteht, sich mit anderen Leuten zu treffen. Es kommt sogar vor, dass Borderliner ihre Partner betrügen, um sich das Gefühl der Sicherheit zu geben, nicht allein zu sein, falls es zur Trennung kommt.

Hat der Erkrankte den Eindruck, dass jemand ihn nicht genug liebt oder wertschätzt, wird er schnell beleidigend, aggressiv oder zumindest eingeschnappt und droht oftmals damit, den Kontakt abzubrechen. Obwohl es so aussieht bzw. sich so anhört, will er den betreffenden Menschen jedoch nicht verlieren, ganz im Gegenteil. Durch die Vorwürfe und Trennungsandrohungen hofft der Erkrankte, den anderen an sich binden zu können, denn er denkt, dass in diesem die gleiche Angst vor dem Verlassenwerden und das gleiche Gefühl der Minderwertigkeit entsteht, das in ihm selbst vorliegt. Die negativen Äußerungen sind somit wiederum ein Zeichen des verzweifelten Versuchs, die Beziehung unter seine Kontrolle zu bringen, um sie nicht zu verlieren.

Da der Borderline-Erkrankte ständig in der inneren Zerrissenheit zwischen der Angst vor dem Alleinsein und dem Misstrauen in die Liebe anderer Menschen lebt, wechseln sich einengende und herabsetzende Verhaltensweisen immer wieder ab, ohne dass der Erkrankte es kontrollieren kann. Dazwischen gibt es oftmals auch völlig positive Zeiten, in der ein harmonisches, entspanntes Verhältnis besteht. Diese hinterlassen jedoch keinen bleibenden positiven Eindruck beim Erkrankten, denn seine Zweifel an der Liebe des anderen erlauben es ihm nicht. Einen Tag nach einem wunderschönen Wochenendausflug regt er sich zum Beispiel darüber auf, dass der Partner bei der Arbeit nicht an sein privates Handy geht, oder behauptet, dass sie viel zu wenig zusammen unternehmen.

Hieraus kann schnell ein handfester Streit entstehen bzw. der Erkrankte steigert sich ganz allein in seine negative Sicht hinein und überhäuft den Partner mit immer mehr Vorwürfen bis hin zur Trennungsandrohung. Ein paar Stunden oder Tage später dominiert wieder die Angst vor dem Alleinsein, sodass er durch liebevolles Verhalten und Geschenke versucht, den Partner versöhnlich zu stimmen. Geht dieser nicht gleich darauf ein, kommt wieder die andere Seite zum Vorschein, denn in dem Verhalten des Partners sieht der Erkrankte dann die Bestätigung dafür, dass dieser ihn wirklich nicht liebt.

Oftmals erscheint es so, als ob der Erkrankte seine Mitmenschen zutiefst verachtet oder sogar hasst, wenn sie sich nicht so verhalten, wie er es sich wünscht. Hass und Abscheu empfindet er in dem Fall wirklich, jedoch nicht gegen die betreffende Person, sondern gegen eine Vorstellung in seinem Inneren. Jemand, den er liebt und von dem er sich Liebe wünscht, verletzt ihn – so fühlt sich die Situation für den Erkrankten an, und so hat sich die Situation damals angefühlt, als seine Störung entstand. Den Hass, den er auf die Person, die ihn in seiner Kindheit verletzt hat, oder das Ereignis, das ihm wehgetan hat, empfindet, überträgt er auf seine heutigen Mitmenschen. Je mehr er jemanden mag, desto stärker äußert sich seine Zerrissenheit, denn umso größer ist seine Angst, von diesem Menschen verletzt zu werden.

Nicht nur zu seinen Mitmenschen empfindet ein Borderliner jedoch abwechselnd Liebe und Hass, sondern auch zu sich selbst. Eigentlich kennt er sich selbst nicht (mehr) und kann sich insofern gar nicht lieben. Allerdings hat er ein umso größeres Bedürfnis danach, geliebt zu werden. Da er vermutet, dass niemand ihn wirklich liebt, setzt er phasenweise durch eine übersteigerte Selbstliebe einen Gegenpol dazu. Er gibt sich das, was er sich von anderen wünscht. In den Zeiten, in denen er das Gefühl hat, von anderen missachtet, betrogen oder allein gelassen zu werden, bäumt sich sein Inneres quasi auf und schreit heraus, wie wunderbar und liebenswert es ist.

Plötzlich spricht der Erkrankte über seine Wünsche und betont, was er schon alles für seine Mitmenschen getan hat und wie undankbar diese sind. Seine Hilfsbereitschaft, mit der er auf positive Art Anerkennung sucht, nutzt er nun, um den Personen, die sie angenommen haben, Vorwürfe zu machen. Zudem hält er ihnen teils vor, dass es mit ihnen langweilig sei und sie ihm nicht das geben würden, was er sich von ihnen erhofft hat. Kurzum: Er setzt seine Mitmenschen herab, um sich selbst besser darzustellen. Aus dieser Position heraus gewinnt er die Kraft, um sich von ihnen zu distanzieren.

Dadurch verschafft er sich scheinbar Macht über die Ereignisse, die ihn in seiner Kindheit verletzt haben. Doch diese verschwinden nicht wirklich, sondern bleiben immer noch in seinem Unterbewusstsein gespeichert. Dort bewirken sie, dass der Erkrankte sich in Wahrheit nicht liebt, sondern hasst. Er hasst das, was ihm geschehen ist, er kann sich nicht damit abfinden und somit verabscheut er sich selbst, weil er es erlebt hat. Diese hasserfüllte Selbstsicht überträgt er wiederum auf andere. Da er selbst sich nicht liebt, hat er stets das unbewusste Gefühl, nicht wertvoll zu sein, und so ist er in seinem tiefsten Inneren davon überzeugt, dass andere ihn nicht lieben können. Daher reagiert er auch extrem empfindlich, wenn er kritisiert wird, warten muss, jemand ein Treffen mit ihm ablehnt, er nicht das erwünschte Maß körperlicher Zuneigung bekommt etc., denn solche Dinge sieht er als Bestätigung für seinen mangelnden Wert.

Der auf andere übertragene Selbsthass kann so weit gehen, dass der Erkrankte paranoide Vorstellungen entwickelt, zum Beispiel, dass seine Kollegen gegen ihn Intrigen spinnen oder sein Partner und sein bester Freund eine Affäre haben, obwohl das überhaupt nicht stimmt und es keinen realen Hinweis darauf gibt. Im Kopf des Erkrankten entsteht eine komplett andere Realität. Eine, in der er nicht verstanden wird, ausgenutzt wird, niemand ihn wirklich liebt und er alles für andere tut, sich aufopfert und seine gesamte Zeit aufwendet. Auf niedrigeren Stufen tritt dies kurzfristig auf und wird von Phasen der Einsicht abgelöst, während sich die Vorstellung auf höheren Stufen immer mehr verfestigt und das impulsive, unangemessene und oft ungerechte Verhalten des Erkrankten entweder von ihm gerechtfertigt oder gar nicht mehr bemerkt wird.

Die Realität verzerrt sich in seiner persönlichen Wahrnehmung derart, dass er eine eigene Welt entwickelt. In dieser Welt ist er der Gute, der er so gern für andere wäre, aber den einfach niemand versteht und anerkennt. Wenn er sich gegenüber seinen Mitmenschen aufbrausend, herablassend oder auf ähnliche Art verletzend oder respektlos verhalten hat, liegt das seiner Meinung nach nur daran, dass diese ihm nicht genug Liebe entgegengebracht und ihn schlecht behandelt haben. Es entsteht eine große Wut in ihm, aber auch eine ebenso große Niedergeschlagenheit, denn auch, wenn er nach außen gerade erscheint, als würde er sich lieben und die anderen hassen, hasst er in Wirklichkeit immer noch sich selbst und sieht das vermeintlich lieblose Verhalten seiner Mitmenschen als Bestätigung dafür, wie wertlos er ist.

Die verzerrte Sichtweise beschränkt sich in der Regel auf eine bestimmte Person oder einen Personenkreis zurzeit, während der Erkrankte mit anderen Menschen zur gleichen Zeit harmonisch und freundlich umgeht und sich von ihnen verstanden und gemocht fühlt. Während er also auf der einen Seite einen Feind sieht, sucht er auf einer anderen Seite nach einem Freund, mit dem er oftmals auch über die „bösen" anderen und das eigene angeblich gute Verhalten spricht. Wenn dieser Freund den Erkrankten jedoch kritisiert, kann es sein, dass die Sympathie auch hier in Feindschaft umschlägt.

All diese Vorgänge ereignen sich im Unterbewusstsein des Borderliners. Er erfindet also nicht absichtlich eine andere (vermeintliche) Wahrheit, sondern diese entsteht in seiner Gedankenwelt aufgrund seiner Gefühlslage und eingespeicherten Überzeugungen, ohne dass er davon etwas weiß. Wenn ein Borderliner also zum Beispiel denkt, dass jemand ihn ausnutzt oder betrügt, dann ist das so und die betreffende Person kann sagen und machen, was sie will, aber dringt nicht zu ihm durch. Selbst „Unschuldsbeweise" werden oftmals nicht akzeptiert, oder es wird dann einfach die nächste Unterstellung gemacht.

Der Erkrankte will niemanden mit Absicht verletzen und erst recht nicht verlieren, aber er kann nicht steuern, was er tut und wie er die Welt sieht. In einsichtigen Momenten erlebt er mitunter regelrechte Zusammenbrüche, weil er es nicht ertragen kann, was er seinen geliebten Menschen antut. Doch wie beschrieben nehmen diese einsichtigen Phasen ab, je höher die Stufe der Erkrankung ist. Für die Mitmenschen ist das Verhalten eines Borderline-Erkrankten insbesondere schwierig, weil es so unvorhersehbar ist. In der einen Minute wird man hochgelobt und alles ist harmonisch, in der nächsten Minute wird man angeschrien und mit Vorwürfen überhäuft. Doch es hat sich nichts geändert, bis auf die Sichtweise des Borderliners. Selbst wenn man objektiv gesehen alles richtig macht, findet der Erkrankte doch einen Anlass, um sich zurückgesetzt oder angegriffen zu fühlen, denn sein Unterbewusstsein gaukelt ihm vor, dass es nicht sein kann, dass jemand es wirklich gut mit ihm meint.

HÄUFIGE BEGLEITERKRANKUNGEN

Das Borderline-Syndrom tritt oftmals gepaart mit mindestens einer weiteren psychischen Störung auf. Der Grund hierfür liegt zum einen in der nicht gefestigten Identität und im mangelnden Selbstbewusstsein, denn eine stabile Persönlichkeit ist wichtig, um sich vor psychischen Erkrankungen zu schützen. Zum anderen können sich verschiedene Aspekte des Borderline-Syndroms derart verstärken, dass sie zu einer eigenen Störung werden. Die Begleiterkrankungen und das Borderline-Syndrom beeinflussen sich gegenseitig, sodass sich der Gesamtzustand des Erkrankten verschlimmert und die Behandlung erschwert wird. Zudem kann es sein, dass eine Begleiterkrankung eher ins Auge fällt als das Borderline-Syndrom selbst, und da die Symptome der Begleiterkrankungen sich mit denen der Borderline-Störung teils überschneiden, besteht die Gefahr, dass Letztere nicht richtig erkannt wird. Im Folgenden möchte ich Ihnen die häufigsten Begleiterkrankungen kurz vorstellen.

Depressionen: Fast jeder Borderline-Erkrankte leidet zumindest zeitweise an leichten, mittelschweren oder schweren Depressionen. Dies bedingt sich unter anderem durch die emotionale Instabilität, wie im ersten Kapitel unter Punkt 6 der Merkmale beschrieben. Schwierigkeiten werfen den Betroffenen schnell aus der Bahn, er hat ständig Selbstzweifel und fühlt sich ungeliebt. Er erlebt negative Umstände sowie auch seine eigenen darauf bezogenen Gefühle sehr intensiv und verfällt dadurch leicht in vorübergehende oder länger andauernde Niedergeschlagenheit. Das ist für Depressionen der ideale Nährboden. Hinzu kommt, dass der Erkrankte daran verzweifelt, dass er sich innerlich zerrissen fühlt und sein Verhalten nicht steuern kann. Durch Depressionen wird wiederum das Risiko für einen Suizid erhöht.

Angststörungen: Die Psyche des Borderliners ist grundsätzlich von tiefen Ängsten geprägt - Angst vor dem Alleinsein, vor Ablehnung, vor Nähe, vor Kontrollverlust, vor Vertrauensmissbrauch durch andere, vor seiner eigenen vermeintlichen Minderwertigkeit. Er ist innerlich stark verunsichert, auch wenn man das äußerlich aufgrund seiner impulsiven, stets präsenten und nach Kontrolle strebenden Art oft kaum vermutet. Durch seine Verunsicherung wird er anfällig für Angststörungen aller Art. Man unterscheidet in Phobien, generalisierte Angststörung und Panikattacken. Alle drei Varianten sind möglich, auch in Kombination. Phobien beziehen sich auf bestimmte Gegenstände, Tiere oder Situationen, wie zum Beispiel Wasser, Spinnen oder Fahrstuhlfahren.

Der Betroffene bekommt große Angstzustände, wenn er mit der Situation in Berührung kommt oder auch nur an sie denkt, und er versucht daher, sie zu vermeiden. Panikattacken und die generalisierte Angststörung beziehen sich hingegen auf kein bestimmtes Objekt, sondern die Angst taucht einfach plötzlich aus dem Nichts auf und kann in jeder Situation stattfinden. Die generalisierte Angststörung ähnelt einer andauernden Nervosität, es treten nur leichte Angstsymptome auf, aber der Betroffene ist ständig angespannt. Bei Panikattacken handelt es sich hingegen um einzelne, heftige Angstanfälle, die mit Herzrasen, Schwindelgefühlen, Atembeklemmungen, Übelkeit und anderen Symptomen verbunden sind. Insbesondere tritt bei Borderlinern häufig eine soziale Phobie auf. Hierbei hat der Betroffene Angst vor der Bewertung durch andere Menschen. Die Phobie kann sich auf bestimmte Situationen wie beispielsweise Prüfungen, Dates oder Vorstellungsgespräche beziehen, aber auch so weit gehen, dass der Erkrankte das Haus nicht mehr verlässt, weil er Angst davor hat, was die fremden Menschen auf der Straße von ihm halten.

Posttraumatisches Belastungssyndrom: Das PTBS entsteht durch traumatische Erlebnisse wie zum Beispiel einen gewaltsamen Angriff, sexuellen Missbrauch, einen schweren Unfall oder den plötzlichen Tod eines Angehörigen. Es wird ein extremes Gefühl der Angst, der Hilflosigkeit oder des Schreckens ausgelöst. Der Betroffene steht so unter Schock, dass er das Ereignis nicht verarbeiten kann. Die Erinnerungen plagen ihn in seinem weiteren Leben, lassen ihn nicht los und verfolgen ihn bis in den Schlaf. Er erlebt intensive, wiederkehrende Angstzustände und steht unter einer ständigen starken Anspannung. Seine Wahrnehmung und Gefühlswelt werden dadurch extrem belastet, sodass er die Realität oft verzerrt wahrnimmt und Bedrohungen sieht, wo keine sind, und ein stark impulsives, teils aggressives und unvorhersehbares Verhalten zeigt. Das Erscheinungsbild des posttraumatischen Belastungssyndroms ähnelt zum Teil der Borderline-Störung. Die Erkrankung kann durch dasselbe Ereignis ausgelöst werden wie das Borderline-Syndrom, jedoch sind Borderliner durch ihre instabile Gefühlswelt und ihre mangelnde innere Festigung auch anfälliger für das PTBS.

Zwangsstörungen: Aufgrund seiner instabilen Persönlichkeit fühlt sich der Borderliner haltlos und hat Angst, nicht genügend Kontrolle über die Geschehnisse, seine Mitmenschen und sich selbst zu haben. Er sucht daher Beständigkeit und Struktur, um sich ein Gefühl von Sicherheit zu geben. Diese äußere Stabilität versucht er unter Umständen durch zwanghaftes Verhalten herzustellen. Zum Beispiel saugt er mehrfach am Tag Staub, geht in kurzen Abständen „pro forma“ zur

Toilette, beobachtet seine Nachbarn, ordnet alles im Schrank nach einem strengen System, erledigt bestimmte Dinge immer zu ganz genau derselben Uhrzeit oder kontrolliert das Handy seines Partners. Insbesondere aufgrund seiner Angst vor Ablehnung kann es sein, dass er extrem auf sein Äußeres sowie auch das Aussehen seiner Wohnung achtet und somit dem Zwang unterliegt, beides ständig und über die Maßen zu pflegen und zu gestalten.

Essstörungen: Bei den Essstörungen muss unterschieden werden, ob der Betroffene an Gewicht ab- oder zunimmt. Zu viel zu essen, ist eine Art des impulsiven Verhaltens, während eine Gewichtsverringerung durch zu wenig Nahrungsaufnahme, Abführmittel, Erbrechen oder Ähnliches darauf zurückführt, dass der Erkrankte die Kontrolle über seinen Körper bekommen will. Die Art des Essens oder Nicht-Essens und die Wirkung auf den Körper geben ihm das Gefühl, über sich bestimmen zu können und sich selbst zu spüren. Zudem spielen Minderwertigkeitsgefühle bei der Entstehung von Essstörungen eine große Rolle.

Durch übermäßiges Essen wird versucht, die negativen Gefühle zu betäuben, und durch eine extreme Gewichtsabnahme versucht der Betroffene, Anerkennung zu bekommen, da er meint, dann dem Schönheitsideal zu entsprechen. Zu erwähnen sei auch noch, dass manche durch sehr proteinreiche Ernährung und Kraftsport extremen Muskelaufbau betreiben, was wiederum zum einen eine Form der Kontrolle über den Körper ist und zum anderen auf das Streben nach Anerkennung zurückführt.

Suchterkrankungen: Das impulsive, unkontrollierte Verhalten des Borderline-Erkrankten kann sich derart verstärken, dass eine Suchterkrankung daraus entsteht. Besonders hoch ist die Gefahr bei abhängig machenden Substanzen wie Alkohol, Nikotin oder Drogen, aber prinzipiell kann aus allem, was der Betroffene ungebremst tut oder konsumiert, eine Sucht entstehen. Die Sucht, die der Erkrankte oftmals nicht als solche erkennt, hat für ihn drei vermeintlich positive Wirkungen: Zum einen kann er dadurch unter Umständen zu einem bestimmten Personenkreis dazugehören, zum anderen ist das Verhalten eine Gewohnheit und gibt ihm somit ein Gefühl von Sicherheit und zum dritten lenkt er sich dadurch von negativen Gefühlszuständen ab. Tatsächlich jedoch verschlimmert er seine Borderline-Erkrankung durch das Suchtverhalten, denn, je mehr er dem nachgibt, desto unkontrollierter und impulsiver wird er. Bei Alkohol und Drogen kommt noch hinzu, dass diese seine Wahrnehmung und seine Reaktionen unmittelbar beeinflussen, sodass er weiter die Sicht für die Realität verliert und die Gefahr von Aggressionen erhöht wird.

Narzissmus: Betroffene der narzisstischen Persönlichkeitsstörung haben nach außen hin ein selbstherrliches Verhalten, sie stellen sich als die besten, attraktivsten, erfolgreichsten und überhaupt wunderbarsten Menschen dar. Das liegt allerdings nur daran, dass sie im Inneren starke Selbstzweifel haben und sich minderwertig fühlen. Indem sie sich vor anderen so präsentieren, als wären sie unschlagbar, suchen sie nach Anerkennung. Ohne die Anerkennung anderer können sie nicht leben. Kritik ertragen sie nicht, dann werden sie plötzlich sehr wütend, herablassend, beleidigend und erniedrigend, denn sie fühlen sich selbst erniedrigt und in ihren Unzulänglichkeiten ertappt. Sie haben immer Recht und erschaffen sich ihre eigene Realität. Fehlt die Bewunderung von außen, kann es zu starken Depressionen und sogar Suizidgedanken kommen. In andere Menschen können sie sich nicht hineinversetzen, und wie diese sich fühlen oder was sie brauchen, ist egal. Alles in ihrer Welt dreht sich nur um sie.

Sie haben höchste Ansprüche an andere, und zwar in der Art, dass diese ihnen jeden Wunsch erfüllen. Hilfsbereit sind sie nur, wenn sie sich dadurch versprechen, andere unter Kontrolle zu bekommen, denn Kontrolle ist das, wonach sie streben. Wenn sie alles und alle unter Kontrolle haben, müssen sie nicht befürchten, dass jemand erkennt, dass sie nicht so perfekt sind, wie sie es gern sein würden. Ausgelöst wird Narzissmus wie Borderline in der Kindheit oder Jugend, wenn der Betroffene durch sein nahes Umfeld das Gefühl bekommt, nicht gut genug zu sein. Narzissmus und Borderline weisen zwar große Unterschiede auf, zum Beispiel bedeuten dem Narzissten seine Mitmenschen nichts und er zeigt keine Schwäche, während der Borderliner von sozialen Kontakten abhängig und sehr sensibel ist.

Aber das Streben nach Anerkennung, das gestörte Verhältnis zur eigenen Identität, die verzerrte Sicht der Realität, das impulsive Verhalten, die mangelnde Empathie (Fähigkeit, sich in andere hineinzuversetzen) und das (bei Borderlinern nur zeitweise vorliegende) herabsetzende, rücksichtslose Verhalten gegenüber den Mitmenschen bilden große Gemeinsamkeiten. Es ist möglich, dass Borderline und Narzissmus gleichzeitig in der Kindheit ausgelöst werden oder dass der betreffende Teil des Borderline-Verhaltens sich stark genug ausprägt, um sich zur narzisstischen Persönlichkeitsstörung zu entwickeln.

Krankhafte Eifersucht: Aus Angst, allein zu sein bzw. verlassen zu werden, entwickeln Borderliner teils massive Eifersucht. Diese kann so stark werden, dass sie sich bis zum Eifersuchtswahn steigert. Der Betroffene ist dann nicht mehr in der Lage, die Realität wahrzunehmen. Seine Angst, betrogen zu werden, verfestigt sich zu einer selbst gemachten Wirklichkeit. Vermeintliche Beweise für die Affäre des Partners produziert seine Psyche selbst, und tatsächliche Gegenbeweise ignoriert er vollkommen oder verdreht sie so, dass sie wiederum in seine Wahnvorstellung passen.

Die Beziehung wird für den Partner unerträglich, er steht unter ständiger Anspannung und sieht sich vollkommen grundlos immer wieder Vorwürfen, Wutausbrüchen, Drohungen, Herabsetzungen, Einschränkungen der Privatsphäre und teils auch Gewalt ausgesetzt. Für den krankhaft Eifersüchtigen ist die Situation ebenfalls eine starke Belastung, denn seine Gedanken drehen sich ständig darum, ob sein Partner ihn gerade betrügt, und er steht unter dem dauernden Zwang, dafür Beweise zu finden und es zu verhindern.

ADHS: Hierbei handelt es sich um keine psychische, sondern eine Entwicklungsstörung. ADHS steht für Aufmerksamkeits-Defizit-Hyperaktivitäts-Syndrom. Betroffene können sich nicht konzentrieren und haben große Schwierigkeiten, sich Dinge zu merken. Darüber hinaus sind sie aber sehr impulsiv, nicht kritikfähig, haben plötzliche und heftige Stimmungsschwankungen und neigen zu aggressivem Verhalten. Zudem sind sie sehr unruhig, sodass sie sich ständig mit etwas beschäftigen müssen und ihnen schnell langweilig wird. Es gibt also große Überschneidungen mit dem Borderline-Syndrom, insbesondere mit dem impulsiven Typ.

Man vermutet sogar, dass Borderline in manchen Fällen fehldiagnostiziert wird und in Wirklichkeit ADHS vorliegt. ADHS hat insbesondere bei Kindern und Jugendlichen während der Schulausbildung schwere Konsequenzen, da sie nicht wie die anderen Schüler lernen können und somit oft sehr schlechte Noten haben und keinen guten Abschluss schaffen. Bei Erwachsenen kommt ADHS weniger häufig vor, kann gegebenenfalls aber zu Einschränkungen im Beruf führen. Hinzu kommt, dass das schwierige Verhalten oftmals die sozialen Beziehungen beeinträchtigt und Betroffene sich durch ihre Unruhe und Unbeherrschtheit teils in waghalsige, gefährliche Situationen bringen.

Psychotherapeutische Behandlungsmöglichkeiten

So kompliziert die Borderline-Störung auch ist, so gut sind zum Glück auch die möglichen Therapiemethoden erforscht. Borderline ist also keineswegs unheilbar. Wenn Sie betroffen sind, müssen Sie sich nicht damit abfinden, sondern haben Ihre Zukunft durch den Entschluss, eine Therapie zu machen, selbst in der Hand. Selbstverständlich liegt es in Ihrer eigenen Entscheidungsfreiheit, ob Sie sich in psychotherapeutische Behandlung begeben oder lieber auf eigene Faust an sich arbeiten möchten. Eine Psychotherapie ist bei Borderline jedoch anzuraten, und zwar umso mehr, je höher die Stufe ist, denn es handelt sich um eine ernst zu nehmende Erkrankung.

Je früher eine Behandlung stattfindet, desto leichter ist die Störung zu heilen, denn dann konnten sich die betreffenden Gedanken-, Gefühls- und Verhaltensmuster noch nicht so lange und intensiv einprägen. Mit den Strukturen des Borderline-Syndroms ist es wie mit jeder Gewohnheit – je länger man sie hat, desto schwieriger wird man sie los. Das heißt aber keinesfalls, dass Sie aufgeben sollten, wenn Sie schon älter sind. Das Gehirn lernt ein Leben lang. Es ist also nie zu spät, um sich zu ändern.

Das Entscheidende dafür ist Ihr eigener Wille. Sie müssen anerkennen, dass Sie an Borderline leiden, und den Entschluss fassen, an sich zu arbeiten. Ihre Mitarbeit ist während der ganzen Therapie ein wichtiger Faktor. Ohne diese geht es nicht, denn es geht schließlich um Sie, und Sie tragen die Verantwortung für Ihr Leben. Sie bestimmen, wo es langgeht. Suchen Sie sich einen fähigen Psychotherapeuten, bei dem Sie sich wohlfühlen. Dass die „Chemie“ stimmt, ist ein wesentlicher Aspekt einer erfolgreichen Therapie.

Gemeinsam besprechen Sie, welche Therapieform Sie wählen und welche Schritte dabei zu gehen sind. Einen Heilungserfolg garantieren kann keine Therapiemethode, aber je mehr Sie selbst bereit dazu sind, die Störung in den Griff zu bekommen, desto erfolgreicher sind die Aussichten. Die Behandlung dauert je nach Schwere der Störung, etwaigen Begleiterkrankungen und eingesetzter Methode zwischen ca. einem und ca. drei Jahren.

Beachten müssen Sie aber in jedem Fall, dass Sie nach abgeschlossener Therapie weiter auf sich achtgeben und an sich arbeiten müssen, denn die Strukturen, die Ihr Unterbewusstsein über Jahre oder Jahrzehnte durch die Störung gebildet hat, verschwinden nicht komplett durch die Behandlung. Dafür sind sie zu tief eingegraben. Auch Jahre nach der Therapie sind oft noch Teile des Verhaltens vorhanden, aber in viel leichterer Form, sodass die Kriterien für die Diagnose von Borderline nicht mehr erfüllt sind. Trotzdem bleibt die Gefahr eines Rückfalls, wenn Sie nicht ausreichend vorbeugen. Methoden hierfür lernen Sie in der Therapie kennen. Im nächsten Kapitel dieses Buches bekommen Sie zudem einige Tipps und Übungen, die dabei helfen können, die Borderline-Strukturen abzuschwächen. Das Gehirn befindet sich in einem ständigen Wandel, nicht nur bei Borderlinern, sondern bei allen Menschen. Durch beständige bewusste Arbeit an sich selbst kann man das Negative „verlernen" und neue, positive Strukturen immer weiter ausbilden. Das Wichtigste dabei ist immer: Seien Sie sich Ihrer Verantwortung für Ihr eigenes Leben bewusst, glauben Sie an sich und lassen sich niemals entmutigen.

Um Ihnen einen Einblick in die möglichen Behandlungsmethoden zu geben, habe ich eine Übersicht für Sie zusammengestellt.

DIALEKTISCH-BEHAVIORALE THERAPIE (DBT)

Diese Therapieform wurde in den 1980er-Jahren durch die Psychologin Marsha Linehan speziell für die Behandlung des Borderline-Syndroms entwickelt und kommt insbesondere bei suizidalen Tendenzen zum Einsatz. Sie basiert auf der kognitiven Verhaltenstherapie, bei welcher der Kern darin liegt, durch bewusstes Umdenken und aktive Verhaltensänderungen die Psyche derart zu beeinflussen, dass die Denk- und Verhaltensmuster der jeweiligen psychischen Störung abgemildert werden oder im Idealfall verschwinden. Da Borderline deutlich komplexer ist als viele andere Störungen, wurde die kognitive Verhaltenstherapie mit anderen Methoden kombiniert, um bei der Borderline-Störung optimal wirken zu können.

Im Unterschied zur ursprünglichen kognitiven Verhaltenstherapie wird die Akzeptanz des aktuellen Verhaltens stärker ins Zentrum gerückt und es wird insbesondere darauf geachtet, welche Verhaltensweisen die Therapie beeinträchtigen könnten, sodass diese mit Priorität therapiert werden. Zudem wird ein besonderer Fokus auf die Beziehung zwischen dem Erkrankten und dem Therapeuten gelegt, was bei Borderline aufgrund der emotionalen Instabilität eine große Rolle spielt.

Borderliner neigen dazu, bei einer Konfrontation mit den eigenen Problemen die Behandlung abzubrechen, grundsätzlich immer wieder das Vertrauen in den Therapeuten zu verlieren und sich andererseits an ihn zu klammern. Dies soll mithilfe der Methoden der DBT verhindert werden.

Darüber hinaus kommen Strategien zum Einsatz, die den Patienten das Für und Wider seines Verhaltens erkennen lassen und ihm helfen, seine Gefühle und Handlungen besser zu steuern. Der Ablauf ist sehr strukturiert, untergliedert sich in mehrere Phasen und vermittelt dem Erkrankten Fertigkeiten, die ihm bei der Bewältigung seiner emotionalen Instabilität helfen.

SCHEMATHERAPIE

Ähnlich wie die DBT ist auch die Schematherapie aus der kognitiven Verhaltenstherapie entstanden und dient insbesondere der Behandlung komplizierter oder tief greifender Störungen wie dem Borderline-Syndrom. Auch hier spielt das Verhältnis zwischen dem Therapeuten und dem Patienten eine wichtige Rolle. Die Therapie hat zum Ziel, die unbewusst gespeicherten Schemata des Erkrankten so zu verändern, dass die Überzeugungen verschwinden, die seine Störung auslösen.

Unter einem Schema versteht man eine verknüpfte Struktur aus Gedanken und Gefühlen, die das Verhalten beeinflusst. Manche Schemata bestehen von Natur aus, wie das Bedürfnis nach sicheren, glücklichen zwischenmenschlichen Beziehungen. Wenn Grundbedürfnisse während des Heranwachsens nicht ausreichend erfüllt wurden, entwickelt die Psyche dadurch neue Schemata, die das Leben und die Beziehungen des Erkrankten nachteilig beeinflussen.

In der Therapie geht es darum, sich der schädlichen Schemata bewusst zu werden, sie zu verändern und Strategien zu lernen, um die eigenen Gefühle und Verhaltensweisen besser zu kontrollieren und somit ein stabiles Ich und erfüllte Beziehungen entwickeln zu können.

MENTALISIERUNGSBASIERTE THERAPIE (MBT)

Die MBT gehört zu den psychoanalytischen Therapieformen. Im Gegensatz zur kognitiven Verhaltenstherapie legen diese den Fokus nicht lediglich auf eine Veränderung der Gedanken-, Gefühls- und Verhaltensmuster in der Gegenwart, sondern sind der Überzeugung, dass die Erlebnisse aus der Kindheit, die der Störung zugrunde liegen, aufgearbeitet werden müssen. Dies erfolgt in Gesprächen, bei denen der Therapeut eine passive, neutrale Rolle einnimmt und den Patienten durch verschiedene Methoden dazu anreizt, aus seinem Inneren zu erzählen.

Die MBT wurde speziell für die schwierigen Anforderungen der Borderline-Störung entwickelt und hat als Hauptziel, beim Patienten die Fähigkeit zum Mentalisieren zu steigern. Mit diesem Begriff ist gemeint, dass man erkennt, dass Überzeugungen, Gefühle und Bedürfnisse das Handeln beeinflussen. Der Patient soll sowohl verstehen, dass sein eigenes Verhalten durch diese psychischen Vorgänge gesteuert wird, als auch, dass andere Menschen ebenfalls aufgrund deren eigener Gefühle, Bedürfnisse und Überzeugungen handeln.

Er lernt insofern, zwischen sich selbst und anderen zu differenzieren und somit seine eigene Identität auszubilden. Zudem soll die Erkenntnis, dass jedem Verhalten ein psychischer Prozess zugrunde liegt, dazu führen, dass man die eigenen Gefühle und Handlungen verstehen und kontrollieren kann, sodass man auch in der Lage ist, stabile Beziehungen einzugehen.

ÜBERTRAGUNGSFOKUSSIERTE PSYCHOTHERAPIE (TRANSFERENCE-FOCUSED PSYCHOTHERAPY, TFP)

Ebenfalls eine psychoanalytische Therapieform zur Behandlung von Borderline und anderen Persönlichkeitsstörungen ist die TFT. Die Basis ist die Annahme, dass Erfahrungen aus der Kindheit sich auf das jetzige Leben übertragen, da die entsprechenden Überzeugungen tief im Unterbewusstsein eingespeichert sind und das grundsätzliche Denken, Fühlen und Handeln des Erkrankten beeinflussen.

Das Gefühl aus der Kindheit, nicht gut genug zu sein, überträgt sich somit auf das heutige Selbstbild, sodass es immer wieder zu klammernden und abwehrenden Verhaltensweisen kommt. Ebenso überträgt der Betroffene seine früheren problematischen Beziehungen auf seine aktuellen zwischenmenschlichen Kontakte, sodass er nicht in der Lage ist, ihnen zu vertrauen.

Die individuell zugrunde liegenden Erfahrungen werden in den Therapiegesprächen aufgearbeitet. Dabei teilt sich die Behandlung in mehrere Phasen auf, die sich daran orientieren, welche Fortschritte der Patient in Bezug auf die Kontrolle seiner Gefühle und Verhaltensreaktionen, die Stabilisierung seiner Identität, die Selbsteinschätzung und andere Fertigkeiten macht.

BEHANDLUNG MITHILFE VON PSYCHOPHARMAKA

Einige Psychotherapeuten setzen gern Medikamente ein, um die Behandlung zu erleichtern. In Bezug auf Borderline gibt es allerdings keine speziellen Psychopharmaka. Verwendet werden jedoch teilweise Arzneimittel gegen Depressionen, Angststörungen, Stimmungsschwankungen oder Wahnvorstellungen.

Psychopharmaka sind sehr umstritten. Die einen sehen sie als unerlässlich, damit die Therapie funktionieren kann, während andere hingegen auf die negativen Begleiterscheinungen hinweisen. Es wurde festgestellt, dass diese Medikamente abhängig machen und diverse unangenehme bis gefährliche Nebenwirkungen haben.

Dazu gehören nicht nur vergleichsweise harmlose Dinge wie Muskelverspannungen, Gewichtszunahme, Magen-Darm-Störungen, Zittern, Hautirritationen, Sehstörungen, Gedächtnisstörungen, Benommenheit, Potenzstörungen oder Schlafstörungen. Auch Magenblutungen, eine Vergrößerung der Schilddrüse, Schlaganfälle, Bluthochdruck, Herzinfarkte, schwere Herzrhythmusstörungen und plötzlicher Herztod stehen auf der Liste. Doch damit nicht genug: Neue Erkenntnisse zeigen, dass sogar das Risiko für Krebserkrankungen durch Psychopharmaka stark erhöht ist.

Ob Sie Medikamente einnehmen möchten oder nicht, bleibt Ihnen selbst überlassen. Jedoch sollten Sie sich nicht dazu überreden lassen, sondern für sich selbst in aller Ruhe abwägen, ob Sie das Risiko eingehen möchten.

Selbsthilfe für Borderline-Erkrankte

Je früher Sie anfangen, an sich zu arbeiten, desto besser. Am besten sollten Sie also direkt jetzt mit einer positiven Veränderung Ihres Lebens beginnen. Eine Therapie ist ratsam und insbesondere, wenn Sie sich selbst verletzen, womöglich sogar Selbstmordgedanken haben oder wenn Sie zusätzlich an einer Suchterkrankung oder einer Essstörung leiden, sollten Sie sich für diesen Weg entscheiden. Es ist nichts Verwerfliches daran, sich in psychotherapeutische Behandlung zu begeben. Im Gegenteil, es zeigt, dass Sie Ihren Problemen ins Auge sehen und ernsthaft eine positive Veränderung anstreben. Bis zur Therapie und auch während dieser ist es jedoch wichtig, dass Sie zu jeder Zeit selbst an sich arbeiten. Je mehr Sie auf Ihr Verhalten achten und lernen, sich zu kontrollieren, desto besser sind die Erfolgsaussichten. In diesem Kapitel möchte ich Ihnen daher einige hilfreiche Tipps und Strategien mit auf Ihren Weg geben, wie Sie im Alltag mit Ihrer Störung besser umgehen und daran arbeiten können, sich in den Griff zu bekommen.

STEHEN SIE ZU IHRER ERKRANKUNG.

Borderline ist keine Schande und keine persönliche Schwäche. Es ist nicht Ihr Fehler, dass Sie diese psychische Störung haben. Sie haben etwas erlebt, das für Sie sehr schlimm war und das Sie damals nicht verarbeiten konnten. Gestehen Sie sich das ein und akzeptieren Sie, dass es so ist. Es ist ein Teil Ihres Lebens. Sie brauchen sich dafür nicht zu schämen, sondern sollten nicht nur sich selbst gegenüber offen zu Ihrer Erkrankung stehen, sondern auch Ihren Mitmenschen sagen, was mit Ihnen los ist. So erleichtern Sie die Situation für alle. Sich selbst nehmen Sie dadurch den Druck, die Ursache Ihres Verhaltens verheimlichen zu müssen, und Ihren Angehörigen helfen Sie, Sie besser zu verstehen und mit Ihrem nicht immer einfachen Verhalten umzugehen. Das bedeutet für Sie, dass Sie auf mehr Verständnis stoßen werden, sich mehr öffnen können und Ihre Angst vor Zurückweisung geringer wird. Sie können dann auch gemeinsam nach Lösungen suchen. Nehmen Sie Vorschläge und Unterstützung Ihrer Liebsten an, aber arbeiten Sie vor allem auch selbst an sich und nehmen sich das fest vor, denn darauf kommt es an.

ÜBERNEHMEN SIE DIE VERANTWORTUNG FÜR IHR LEBEN.

Das Borderline-Syndrom ist kein Schicksal, das Sie über sich ergehen lassen müssen. Es ist zwar durch eine Ursache entstanden, die nicht in Ihrer Verantwortung lag, aber die Vorgänge ereignen sich in Ihrer eigenen Psyche, Ihrer Gedanken- und Gefühlswelt. Es erscheint Ihnen so, als kämen die Gedanken, Gefühle und Verhaltensweisen einfach über Sie, ohne dass Sie sie aufhalten könnten. Das stimmt aber nicht - Sie wissen einfach (noch) nicht, wie Sie sie aufhalten können. Aber es sind Ihre eigenen Gedanken, Gefühle und Handlungen. Sie selbst tun das. Zwar geschieht es nicht absichtlich, aber trotzdem ereignet es sich in Ihren eigenen Denkstrukturen. Was dort geschieht, müssen Sie nicht hinnehmen, sondern Sie können es ändern. Ihre Gedanken, Gefühle und Verhaltensweisen liegen in Ihrem eigenen Einflussbereich. Sie können sie selbst verändern, wenn Sie aktiv daran arbeiten.

Indem Sie bewusst anders denken, Ihre Gefühle kontrollieren und sich anders verhalten, verändern Sie Ihre alten Denkmuster, sodass diese immer mehr abgeschwächt werden. Die neuen Gedanken-, Gefühls- und Verhaltensmuster prägen sich immer mehr ein, werden langsam zur Gewohnheit und gelangen ins Unterbewusstsein, wo sie allmählich die Borderline-Strukturen überspielen. Es ist ein langer Prozess und nicht immer einfach, aber jeder kleine Schritt hat einen positiven Effekt. Sie haben es selbst in der Hand, wie Ihr zukünftiges Leben aussieht, Sie tragen die Verantwortung für Ihr Leben. Das erscheint Ihnen wahrscheinlich jetzt wie eine große Aufgabe, aber es ist vor allem etwas sehr Positives, denn es heißt: Sie können Borderline besiegen.

GLAUBEN SIE AN SICH UND MOTIVIEREN SIE SICH.

Sie haben sicher die Befürchtung, dass das alles sehr schwer wird und Sie es vielleicht nicht schaffen. Diese Vorstellung lähmt Sie, bereitet Ihnen unangenehme Gefühle und macht Sie bestimmt auch ärgerlich und niedergeschlagen. Mit diesen Gefühlen, diesem mangelnden Glauben an sich selbst, wird es deutlich schwerer, denn Sie halten sich selbst auf. Rückschläge kann es immer geben, das steht außer Frage, aber dann muss man wieder aufstehen und weitermachen. Sie dürfen niemals aufgeben, denn Ihre eigene Kraft ist das, was Sie zum Ziel bringt.

Wenn man ohnehin an Stimmungsschwankungen und Selbstzweifeln leidet, ist es nicht leicht, sich selbst zu motivieren. Dennoch müssen - und können - Sie das schaffen. In einer Therapie steht Ihnen Ihr Psychotherapeut dabei zur Seite, aber letzten Endes sehen Sie diesen nur in den Sitzungen und sind den Rest der Zeit auf sich selbst angewiesen. Beziehen Sie Ihre Angehörigen daher ein, vertrauen Sie sich ihnen an und lassen Sie sich von ihnen aufmuntern.

Am wichtigsten ist jedoch, dass Sie lernen, sich selbst zu motivieren. Halten Sie sich immer wieder vor Augen, welche Ziele Sie haben und was sich in Ihrem Leben verbessert, wenn Sie Borderline besiegen. Dafür lohnt es sich doch, immer weiter an sich zu arbeiten, oder? Schreiben Sie sich diese Ziele auf und stellen Sie sich diese auch vor Ihrem inneren Auge vor. Versetzen Sie sich in Ihrer Vorstellung in die schöne Situation, die Sie erreichen wollen. Verfahren Sie so nicht nur mit Ihren Gesamtzielen, sondern auch mit kleinen Etappenzielen, die Sie sich von Woche zu Woche oder von Monat zu Monat setzen. Dazu sagen Sie sich am besten noch jedes Mal, während Sie das Bild vor Augen haben und das gute Gefühl spüren: „Das schaffe ich!“

RESPEKTIEREN SIE SICH SELBST.

Sie sind es bisher leider gewohnt, ziemlich negativ von sich zu denken, zumindest phasenweise. Wahrscheinlich denken Sie sich öfter Dinge wie „Ich bin einfach zu nichts gut“, „Ich bin dumm“, „Ich bin doch nur der letzte Dreck“ oder „Ich bin ein Versager“. Vielleicht sagen Sie sich so etwas sogar laut. Warum gehen Sie so mit sich um? Das haben Sie nicht verdient. Sie sind ein wertvoller Mensch.

Ihr Unbewusstes flüstert Ihnen diese Sätze zu, weil Sie durch Ihre schlechten Erfahrungen ein negatives Bild von sich selbst abgespeichert haben, aber diese Erfahrungen machen Sie nicht zu einem schlechten Menschen. Ihr Wert bleibt immer gleich, egal, was Ihnen widerfährt, und jeder Mensch auf der Welt hat ganz genau denselben Wert. Als einen solchen wertvollen Menschen sollten Sie sich auch anerkennen, denn sonst schwächen Sie sich und rauben sich die Energie und Zuversicht, um Ihre Erkrankung zu überwinden. Je öfter Sie solche Sätze denken, desto mehr verfestigen sich Ihre Borderline-Strukturen sogar. Das wollen Sie doch nicht, oder?

Also streichen Sie derartige respektlose Selbstbezichtigungen ab sofort aus Ihren Gedanken und Ihrem Sprachgebrauch. Wann immer Sie sich dabei ertappen, dass Sie etwas Unschönes zu sich sagen, wirken Sie direkt entgegen, indem Sie das Gegenteil formulieren oder einfach sagen bzw. denken: „Ich habe denselben Wert wie jeder andere Mensch."

ERKENNEN SIE IHRE STÄRKEN UND LEBEN SIE DIESE AUS.

Um Ihr Selbstbewusstsein zu steigern und Sie somit zu befähigen, mehr an sich zu glauben und sich als wertvoller zu erachten, ist es hilfreich, wenn Sie sich Ihre Fähigkeiten, Talente und positiven Eigenschaften bewusst machen. Und es hat sogar noch weitere positive Effekte: Indem Sie Ihre Stärken kennen, streben Sie weniger nach Anerkennung von anderen Menschen, sodass Sie auch weniger wütend oder traurig sind, wenn Sie diese nicht bekommen. Darüber hinaus wappnen Sie sich auch noch für alle möglichen anderen Schwierigkeiten und Krisen, denn durch Ihre eigenen Stärken können Sie immer einen guten Weg für sich finden.

Nehmen Sie sich also ein Blatt Papier und einen Stift und gehen Sie in sich. Was können Sie gut? Was machen Sie gern? Was haben Sie schon alles gelernt? Was haben Sie im Leben schon erreicht, welche Schwierigkeiten haben Sie überwunden und wie haben Sie das geschafft? Wobei und auf welche Art haben Sie anderen Menschen schon geholfen? Was schätzen Sie an sich selbst? Was schätzen Ihre Mitmenschen an Ihnen? Befragen Sie diese auch, sie werden Ihnen sicher einiges mehr an positiven Dingen über Sie berichten, als Sie für möglich halten. Zweifeln Sie es nicht an, sondern schreiben Sie es auf wie auch Ihre eigenen Erkenntnisse. Sie werden sehen: Sie besitzen viele Stärken. Und das heißt, Sie sind stark.

Geben Sie sich selbst die Gelegenheit, das so oft wie möglich im Alltag zu zeigen. Üben Sie Hobbys und Freizeitaktivitäten aus, bei denen Ihre Stärken zur Geltung kommen. Engagieren Sie sich zum Beispiel ehrenamtlich, um Menschen, Tieren und/oder Pflanzen zu helfen. Das gibt Ihnen zusätzlich das Gefühl, etwas Sinnvolles zu vollbringen, sodass Sie sich gleich selbst viel sinnvoller fühlen. Tun Sie aber auch für sich selbst Dinge, die Ihnen Spaß machen, und fordern Sie sich immer wieder durch kleine Projekte heraus, bei denen Ihre Fähigkeiten zum Einsatz kommen. Dadurch zeigen Sie sich nicht nur, dass Sie etwas auf die Beine stellen können, sondern Sie schöpfen auch noch positive Energie und füllen Ihre innere Leere sinnvoll aus.

Dokumentieren Sie alles, wenn möglich, per Foto oder in Form eines Tagebuchs. Darin können Sie immer wieder blättern und Zuversicht gewinnen, wenn Sie gerade daran zweifeln, wer Sie sind und ob Sie es schaffen, Ihr Leben in den Griff zu bekommen.

ÜBEN SIE SICH IN ACHTSAMKEIT.

Achtsam zu sein, hilft dabei, generell ruhiger zu werden und einen Einklang mit sich selbst herzustellen. Außerdem ist es in Situationen akuter negativer Stimmung ein gutes Mittel, um sich zur Ruhe zu bringen und in die Realität zurückzurufen. Achtsamkeit bedeutet, seine Sinne aktiv einzusetzen. Sie besitzen fünf Sinne, mit denen Sie Umgebungsreize wahrnehmen können: Sehen, Hören, Riechen, Schmecken und Tasten. Außerdem gibt es den sogenannten sechsten Sinn, mit dem Sie Ihre eigenen Gefühle wahrnehmen. Dieser ist besonders wichtig, um die eigene Gefühlswelt kennenzulernen und zu kontrollieren.

Achtsamkeit kann man ganz einfach im Alltag üben. Am besten sollten Sie das täglich tun. Betrachten Sie Gegenstände eingehend in allen Details und von allen Seiten. Es kommt nicht darauf an, was es ist. Eine schöne Blume ist genauso geeignet wie Ihr eigener Schuh oder ein Bleistift. Konzentrieren Sie sich voll und ganz auf das, was Sie sehen. Dadurch kommen Sie ganz von selbst ins Hier und Jetzt zurück und entspannen sich. Düstere Gedanken verschwinden von selbst - versuchen Sie nicht, sie wegzudrängen, sondern lassen Sie sie einfach vorbeiziehen und fokussieren Sie sich auf Ihre Wahrnehmung.

Genauso können Sie es mit den anderen Sinnen machen. Horchen Sie mit geschlossenen Augen auf die Geräusche in Ihrer Umgebung und versuchen Sie, sie ganz genau zu identifizieren. Riechen Sie zum Beispiel an einem Duftöl, einem Tee, einem Gewürz oder einem Holzmöbel. Essen Sie bewusst und konzentrieren Sie sich dabei ganz genau auf den Geschmack und die Zutaten in allen Einzelheiten. Befühlen Sie zum Beispiel einen Stein, ein Blatt, ein Möbelstück oder ein Kleidungsstück mit geschlossenen Augen und beschreiben sich selbst detailliert, wie es sich anfühlt.

Wenn Sie es lieber aktiver mögen, ist ein Naturspaziergang eine gute Möglichkeit für zahlreiche Sinneserfahrungen. Auch ein kreatives Hobby fördert die

Achtsamkeit, ebenso wie Sport. Achten Sie dabei ganz genau auf Ihre Bewegungen, dann werden Sie nicht nur ruhiger und konzentrierter, sondern steigern auch noch Ihr Körpergefühl.

Um Ihre Gefühle besser wahrzunehmen, üben Sie jeden Tag mindestens einmal, sich bewusst darauf zu konzentrieren, was Sie fühlen. Benennen Sie das Gefühl bzw. die Gefühle so genau wie möglich und beschreiben Sie sie. Überlegen Sie auch, warum Sie sich gerade so fühlen. Schreiben Sie sich Ihre Erkenntnisse jeweils auf. Am besten sollten Sie dafür ein kleines Notizbuch verwenden, dann haben Sie nach kurzer Zeit eine Übersicht über Ihre Gefühle. Bald werden Sie merken, dass es Ihnen leichter fällt, Ihre Emotionen bewusst zu erkennen. Das ermöglicht Ihnen, besser mit ihnen umzugehen, stärkt Ihre Verbindung zu sich selbst und ist die Voraussetzung dafür, dass Sie unkontrollierte Gefühlsausbrüche vermeiden und negativer Stimmung entgegenwirken können.

LERNEN SIE SELBSTBEHERRSCHUNG.

Wenn die schlechte Laune in Ihnen aufsteigt, Sie sich angegriffen fühlen, die Realität aus den Augen verlieren, ungeduldig werden, zu einem Suchtmittel greifen, sich in negative Gedanken verstricken oder auf irgendeine andere Art gerade dabei sind, die Kontrolle über sich zu verlieren, ist schnelle Hilfe gefragt. Insofern sollten Sie sich einen Notfallplan überlegen. Zunächst einmal ist es dafür wichtig, dass Sie rechtzeitig erkennen, was in Ihnen vorgeht. Deshalb sollten Sie regelmäßig die Achtsamkeit für Ihre Gedanken, Gefühle und Verhaltensweisen trainieren und zu jeder Zeit bewusst durchs Leben gehen. Wenn es dann mal wieder so weit ist, dass Ihre Impulsivität mit Ihnen durchgehen möchte, sollten Sie sich sofort mit etwas Positivem ablenken.

Zu Hause sind die Möglichkeiten fast unbegrenzt: Gehen Sie zum Beispiel spazieren, machen Sie Sport, beschäftigen Sie sich im Haushalt, gehen Sie einem Hobby nach, lesen Sie ein Buch, schauen Sie sich ein lustiges Video an, hören Sie oder machen Sie selbst Musik, malen Sie ein Bild, kümmern Sie sich um Ihre Zimmerpflanzen oder Ihren Garten, schauen Sie sich schöne Erinnerungsfotos an oder lesen Sie sich Ihre Stärken-Liste durch.

Unterwegs oder bei der Arbeit kann eine kleine Achtsamkeitsübung Wunder wirken. Schauen Sie sich einen Gegenstand in Ihrer Nähe ganz genau an, betrachten Sie ihn in allen Details und konzentrieren Sie sich voll darauf. Sie können auch immer ein paar kleine Gegenstände bei sich haben, die Sie betrachten und auch befühlen können, oder Sie nehmen Ihre eigene Hand, einen Ring, ein Armband, Ihren Kaffeebecher, ein Arbeitswerkzeug oder ein Produkt im Supermarkt. Sie können auch einfach aus dem Bürofenster schauen und beobachten, was Sie dort sehen, die Konturen von allem mit den Augen nachzeichnen oder den am weitesten entfernt liegenden Punkt mit den Augen fixieren, oder Sie denken einfach an etwas Schönes, das Sie aufheitert. Es hilft aber auch, wenn Sie sich ganz bewusst auf die Tätigkeit konzentrieren, die Sie gerade tun und sie sehr sorgfältig ausführen.

Ob unterwegs oder zu Hause, zwei Dinge sind auf jeden Fall ganz wichtig: Erstens sollten Sie sich in solchen Momenten innerlich sagen: „Stopp! Ich bin stark. Ich habe die Kontrolle über mich und mein Leben." Zweitens sollten Sie tief und entspannt atmen, und zwar in den Bauch. Im Stress neigt man dazu, in den Brustkorb und somit flacher, schneller und verspannter zu atmen. Die bewusste ruhige, tiefe Bauchatmung ist daher sehr wichtig für Gelassenheit und Ruhe. Konzentrieren Sie sich auf das Atmen, saugen die Luft langsam durch die Nase ein und fühlen Sie, wie sie in Ihren Körper strömt, der sich weitet und entspannt. Lassen Sie die Luft genauso ruhig wieder ausströmen, wahlweise durch Nase oder Mund. Atmen Sie so weiter und spüren Sie, wie sich Ihre Muskeln lockern und sich Ruhe in Ihnen ausbreitet.

Zudem sollten Sie mit Ihrem Verstand Ihre Reaktionen hinterfragen: „Ist das wirklich so schlimm, dass ich mich darüber so aufrege?" Hierdurch gewinnen Sie Distanz zu Ihren Gefühlen und regen sich dazu an, vernünftig über die Situation und Ihre Reaktion nachzudenken. Statt negativ zu reagieren, sollten Sie sich außerdem fragen: „Wie sollte ich mich jetzt verhalten, damit die Stimmung positiv bleibt bzw. das Problem gelöst wird?" Dadurch befassen Sie sich ebenfalls mit dem Verstand mit Ihrem Verhalten und stellen somit die Kontrolle über sich her. Außerdem verhindern Sie so möglicherweise eine Eskalation, die schließlich weder für Ihr Gegenüber noch für Sie selbst schön ist.

ÜBEN SIE, SICH OHNE SELBSTVERLETZUNG ODER GEFÄHRDUNG SELBST ZU SPÜREN.

Sie brauchen sich nicht zu verletzen oder in Gefahr zu bringen, um zu merken, dass Sie leben! Es gibt weit bessere und schönere Methoden, um sich selbst zu spüren. Zum Beispiel ein kreatives Hobby wie Malen, Zeichnen oder Musik-Machen, denn hier erschaffen Sie etwas mit Ihren eigenen Händen und drücken dabei gleichzeitig Ihre Gefühle aus. Singen ist ebenfalls eine gute Möglichkeit, da Sie hierbei Ihre eigene Stimme hören und in sich spüren, wie Ihr Körper arbeitet. Sie können sich auch einfach über den Arm oder die Hand streicheln und die sanfte Berührung auf Ihrer Haut fühlen, sich den Nacken massieren lassen oder ihn selbst massieren, etwas Warmes trinken oder eine Fitnessübung machen. All solche angenehmen Dinge lassen Sie ebenfalls Ihren Körper spüren, und das ganz ohne Blut und blaue Flecken.

Eine gute Methode ist außerdem die progressive Muskelentspannung, die unter anderem auch gegen Ängste eingesetzt wird. Legen Sie sich hierfür am besten bequem auf den Rücken. Sie können die Übung aber auch im Sitzen machen. Die Übung besteht darin, nacheinander alle Muskelpartien des Körpers kontrolliert anzuspannen und wieder zu entspannen. Beginnen Sie mit den Händen - erst anspannen, dann die Spannung kurz halten, dann lockerlassen. Danach kommen die Arme dran, dann das Gesicht, der Nacken, der Rücken, der Bauch, die Beine und schließlich die Füße. Konzentrieren Sie sich die ganze Zeit vollkommen auf die Arbeit Ihrer Muskeln.

Ihr Körper wird dabei gelockert und Ihre Psyche kommt zur Ruhe. Sie sind ganz in Ihrem Körper und haben ihn komplett unter Kontrolle. Ein weiterer positiver Effekt ist, dass Sie lernen, den Zustand der Anspannung zu identifizieren. Das hilft Ihnen dabei, negative Gefühle, die immer mit einer Verspannung der Muskeln einhergehen, frühzeitig zu erkennen und diesen gegenzusteuern.

Führen Sie die Übung am besten regelmäßig einmal am Tag durch, um sie einzustudieren und zu bewirken, dass Sie grundsätzlich entspannter werden sowie ein besseres, kontrolliertes Gefühl für Ihren Körper und Ihr Selbst bekommen. Zusätzlich können und sollten Sie sie bei Bedarf anwenden, wie zum Beispiel bei akuter innerer Leere, Angst, Wut oder Niedergeschlagenheit. Wenn die Situation es nicht zulässt, dass Sie die gesamte Übung durchführen, können Sie auch einfach einzelne Muskelpartien kontrolliert anspannen und entspannen. Auch das kann bereits helfen, um sich zu beruhigen und zu sich zu kommen.

ENTWICKELN SIE RESPEKT UND EMPATHIE FÜR IHRE MITMENSCHEN.

Sie sind genauso viel wert wie andere Menschen, aber andere Menschen sind auch genauso viel wert wie Sie und verdienen es daher, ebenso respektvoll und verständnisvoll behandelt zu werden, wie Sie es sich auch für sich selbst wünschen.

Bisher haben Sie Schwierigkeiten damit, das Verhalten und die Worte Ihrer Mitmenschen richtig aufzufassen, denn Sie deuten häufig etwas hinein, das Ihrer eigenen momentanen Sicht entspricht. So entstehen viele Missverständnisse, viel Streit und viel Kummer auf beiden Seiten und Ihre Angehörigen haben teils das Gefühl, von Ihnen nicht verstanden und wertgeschätzt zu werden. Es ist wichtig, dass Sie verstehen, dass Ihre Mitmenschen genau wie Sie Individuen mit eigenen Bedürfnissen, Wünschen, Meinungen, Gefühlen und Erfahrungen sind. Deshalb sollten Sie lernen, sich in sie hineinzuversetzen und zu Ihrer eigenen Sichtweise Distanz zu entwickeln. Üben können Sie das in jeder Situation, an der Ihre Liebsten direkt oder indirekt beteiligt sind, zum Beispiel bei einer Meinungsverschiedenheit oder wenn jemand eine Verabredung absagt, Ihre Hilfe ablehnt, Sie um einen Gefallen bittet oder nicht auf eine Nachricht von Ihnen antwortet.

Bevor Sie reagieren, halten Sie inne, indem Sie tief durchatmen und sich innerlich ein Stoppschild vorstellen. Dann fragen Sie sich: „Hat XY das wirklich so gemeint, wie ich es verstanden habe? Wie könnte man es stattdessen verstehen?" Es gibt meist mehrere Möglichkeiten der Deutung. Bisher neigen Sie eher zu den negativen Varianten, doch ab jetzt sollten Sie sich bewusst für eine positive Interpretation entscheiden, es sei denn, es ist klar, dass es nicht positiv gemeint war.

In letzteren Fällen fragen Sie sich: „Warum hat XY das gesagt bzw. getan? Was habe ich zuvor gesagt oder getan?" Kommunikation ist immer etwas Gegenseitiges und oftmals gibt ein Wort das andere bzw. wird ein Verhalten durch das vorherige Verhalten des anderen ausgelöst. Machen Sie sich diese Kette klar und lösen Sie sich von der Vorstellung, dass Sie immer im Recht und die anderen im Unrecht sind.

Schlussendlich fragen Sie sich: „Welche Reaktion meinerseits ist jetzt angemessen?" Betrachten Sie sich selbst dabei aus der Perspektive Ihres Gegenübers. Versetzen Sie sich in seine Gedanken und Gefühle hinein, als wären Sie es und würden sich selbst gegenüberstehen. Spielen Sie verschiedene Abläufe in Ihrem Kopf durch und überlegen Sie sich jeweils, was Ihr Gegenüber von Ihnen denken und wie er sich fühlen würde. Entschließen Sie sich dann zu der Reaktion, die ihm am meisten das Gefühl gibt, wertvoll zu sein und von Ihnen respektiert zu werden.

Üben Sie das Vorgehen am besten aktiv mit einem guten Freund, Ihrem Partner oder einem engen Familienangehörigen und versuchen Sie auch bereits im Alltag Ihre Reaktionen und Deutungen zu hinterfragen und Ihren Mitmenschen gegenüber freundlich und respektvoll zu sein. Dabei spielt Selbstbeherrschung eine große Rolle, aber andererseits trägt es auch dazu bei, dass Sie selbstbeherrschter werden. Nutzen Sie jede Gelegenheit, um zu trainieren, das Denken, Fühlen und Verhalten anderer Menschen unabhängig von Ihrer eigenen Sichtweise und Ihrer Gefühlslage wahrzunehmen. Am Anfang ist es sehr schwierig, aber mit der Zeit fällt es Ihnen leichter und die dadurch entstehende Entspannung wirkt sich wiederum positiv auf Ihre Gemütslage aus, sodass Sie klarer denken können und weniger impulsiv sind.

Das Borderline-Syndrom aus Sicht der Angehörigen

Dass Borderline nicht nur für den Erkrankten selbst, sondern auch für sein Umfeld eine große Belastung darstellt, ist bereits an vielen Stellen dieses Buches deutlich geworden. Ob als Partner, Familienmitglied, Freund oder Kollege, man ist den Launen des Erkrankten unweigerlich ausgesetzt und weiß niemals, wann der nächste Stimmungsumschwung kommt. Ist einem dieser Mensch vollkommen egal, macht einem das nichts aus, es nervt allenfalls oder wirkt sich ungünstig auf die Arbeit aus. Aber wenn Sie den Erkrankten mögen oder lieben, vielleicht sogar sehr, dann leiden Sie sowohl unter ihm als auch mit ihm.

Sie verstehen die Welt nicht mehr, wenn er Sie grundlos angreift, Sie sind traurig und bestürzt über seine Gefühlsausbrüche, Sie machen sich Sorgen um ihn. Sie fühlen sich eingeschränkt in Ihrem eigenen Leben, weil der Erkrankte zu viel Ihrer Zeit und Aufmerksamkeit beansprucht und eifersüchtig auf Ihre anderen Kontakte reagiert. Gleichzeitig möchten Sie gern verhindern, dass es zu diesen ewigen unschönen und unnötigen Streitereien kommt, die Sie beide so sehr belasten, und etwas tun, damit sich der Erkrankte besser fühlt. Aber Sie ärgern sich auch, und das oftmals sogar heftig. Zum einen über den Menschen mit Borderline, weil er immer wieder durch seine Launen die harmonische Stimmung zerstört und Ihnen ungerechtfertigte Vorwürfe macht, zum anderen aber auch über sich selbst, dass Sie sich davon so beeinträchtigen lassen und nicht einfach sagen können „Es reicht, ich bin weg".

Sie wollen ja eigentlich auch gar nicht weg, sondern Sie wollen, dass alles gut wird. Ihre Gedanken drehen sich darum, was mit diesem Menschen los ist und was Sie tun können, damit sich die Situation verbessert. Langsam, aber sicher werden Sie selbst unausgeglichen, fühlen sich unwohl, sind angespannt und gereizt. Sie wissen nicht mehr, was Sie von diesem Menschen halten sollen, und bekommen Zweifel, ob Sie ihm wirklich vertrauen können, denn Sie wissen eigentlich gar nicht, mit wem Sie es zu tun haben. Und, zunächst kaum merklich, doch dann immer mehr vernachlässigen Sie Ihr eigenes Leben. Sie versuchen, dem Borderliner alles recht zu machen und Situationen zu vermeiden, die seinen Unmut auslösen. Dabei verzweifeln Sie allmählich daran, dass anscheinend alles schlechte Laune bei ihm auslösen kann. Sie fragen sich, ob Sie vielleicht alles falsch machen, ob dieser Mensch Sie überhaupt wirklich mag, und fühlen sich immer wertloser. Aber im Grunde wissen Sie, dass er ein Problem hat, und Sie fühlen sich verantwortlich dafür, dass ihm geholfen wird.

Kommt Ihnen das bekannt vor? Dann sind Sie wahrscheinlich bereits verstrickter in die Erkrankung Ihres Mitmenschen, als es Ihnen guttut. Nicht jeder lässt sich von den Problemen eines Borderline-Erkrankten herunterziehen, doch wenn es geschieht, kann das ernsthafte Konsequenzen für die eigene Gesundheit und das eigene Leben haben.

TOXISCHE BEZIEHUNGEN

Liebe sollte etwas Wunderbares sein, das beiden Partnern ein Gefühl von Geborgenheit und Respekt gibt. Eine Beziehung sollte immer auf Augenhöhe sein, Geben und Nehmen müssen gleichermaßen auf beiden Seiten stattfinden und beide Partner müssen dem jeweils anderen genügend Freiraum lassen. Am Anfang ist das auch in toxischen Beziehungen noch so, es besteht sogar ein sehr inniges Verhältnis und man scheint einen wahren Traumpartner gefunden zu haben, der einem jeden Wunsch von den Augen abliest. Doch nach Kurzem sieht es ganz anders aus.

Ihr Partner hat die Macht, kontrolliert Sie, engt Sie ein und gibt Ihnen das Gefühl, nicht gut genug zu sein. Er selbst darf alles und erwartet, dass er dafür Respekt und Anerkennung bekommt. Sie sollen für ihn da sein, und zwar nur für ihn, das ist der einzige Zweck der Beziehung. So eine Beziehung ist giftig - dies ist die Bedeutung des Wortes „toxisch". Der „ungiftige" Partner verliert dadurch seinen Freiraum, sein Selbstwertgefühl, seine sozialen Kontakte und vieles mehr. Dafür bekommt er Schuldgefühle, Minderwertigkeitsgefühle, Dauerstress, körperliche Beschwerden wie beispielsweise Magen-Darm-Störungen, Herzrhythmusstörungen oder chronische Schmerzen. Auch psychische Probleme wie Depressionen, Schlafstörungen, Burn-out, Angststörungen oder Essstörungen kommen häufig vor.

Es gibt toxische Menschen, die mit Absicht ihre Partner „vergiften", meist aber erfolgt das Verhalten aufgrund einer psychischen Erkrankung. Neben Borderline sind zum Beispiel Narzissmus und krankhafte Eifersucht zu nennen. Der Partner soll ganz allein dem toxischen Menschen gehören und ihm dienen, damit dieser endlich das Gefühl hat, etwas wert zu sein. Oftmals steckt hinter dem Verhalten die

Angst davor, verlassen zu werden. Solange der Mensch die Kontrolle über die Beziehung hat, kann sein Partner ihn nicht im Stich lassen – so denkt er es jedenfalls.

Sie können jedoch jederzeit gehen, denn eine toxische Beziehung ist kein Gefängnis, auch wenn sie sich so anfühlt. Sie allein entscheiden, ob Sie sich dem Gift aussetzen möchten oder nicht. Zwei Partner, die sich ehrlich lieben, können gemeinsam den Weg aus einer toxischen Beziehung schaffen, wenn insbesondere der toxische Mensch daran arbeitet, sich zu ändern, und der nicht-toxische Partner sich seinen Freiraum und den Respekt des Partners zurückerobert. Doch oftmals gerät der nicht-toxische Partner in eine emotionale Abhängigkeit, sodass er zu große Angst vor der Trennung hat und es daher nicht wagt, sein eigenes Leben zu führen und dem Partner Grenzen zu setzen.

Der Schlüssel zur Freiheit und zu einer guten Beziehung auf Augenhöhe liegt also im eigenen Kopf – Sie müssen Verantwortung für Ihr Leben übernehmen und sich darüber klar werden, dass die Beziehung so, wie sie ist, keine ehrliche Liebesbeziehung ist. Und vor allem müssen Sie lernen, sich selbst als wertvoll zu erachten, und verstehen, dass Ihr Wert nicht davon abhängt, ob Sie diese (oder überhaupt irgendeine) Beziehung haben. Es ist Zeit, die rosarote Brille abzusetzen und in Ihre eigene Zukunft zu schauen.

Die Beziehung zu einem Borderliner muss nicht toxisch sein, kann sie aber. Hat Ihr Partner die Diagnose bekommen oder deutet sein Verhalten darauf hin, dass er die Störung haben könnte, sollten Sie kritisch unter die Lupe nehmen, wie er sich Ihnen gegenüber verhält und wie Sie darauf reagieren. An den folgenden Anzeichen erkennen Sie eine toxische Beziehung. Kreuzen Sie bitte die Punkte an, die für Ihre Partnerschaft zutreffend sind. Nicht alle Punkte müssen gleichermaßen vorliegen. Es reicht auch, wenn das betreffende Verhalten hin und wieder oder nur in leichter Form vorkommt.

1. Ihr Partner bestimmt über Sie. Zum Beispiel finden Treffen nur statt, wenn er es will, und er legt die genaue Zeit fest, oder er schreibt Ihnen vor, was Sie anziehen, wann Sie arbeiten, wie viel Sie einkaufen oder mit welchen Personen Sie sich treffen dürfen. Das Bestimmen kann auch indirekt erfolgen, indem er Ihnen Vorwürfe macht oder beleidigt ist, wenn Sie ihm widersprechen oder etwas anders machen, als er es möchte. Ihre eigenen Wünsche und Bedürfnisse sind ihm egal. Wenn Sie diese äußern, heißt es, dass Sie keine Rücksicht auf ihn nehmen und egoistisch sind.

2. Sie müssen weit mehr geben, als Sie bekommen. Ihr Partner beansprucht Ihre ungeteilte Aufmerksamkeit und ignoriert, dass Sie Zeit für sich brauchen oder andere Dinge zu tun haben. Selbst nimmt er sich jedoch Zeit für sich und seine Beschäftigungen und erwartet, dass Sie das respektieren. Er setzt in jeder Hinsicht ein ungleiches Maß an, zum Beispiel müssen Sie immer für ihn erreichbar sein, aber er kann stunden- oder tagelang nicht ans Handy gehen, oder Sie müssen überpünktlich sein, während er viel zu spät kommen darf. Zudem erwartet er sehr viel Zuneigung und Verständnis, sogar, wenn Sie sich gerade gestritten haben. Sie sollen auf ihn zugehen und wenn er sich unfreundlich Ihnen gegenüber verhält, liegt das seiner Meinung nach nur daran, dass Sie nicht nett genug zu ihm waren. Zuneigung und Zuwendungen, oft auch in Form von Geschenken, erfolgen zwar, aber nur in der Form und zu der Zeit, wie der Partner es will, und er erwartet große Anerkennung und Zuneigung dafür.

3. Ihr Partner macht Ihnen falsche Versprechungen. Er behauptet, immer für Sie da zu sein, sagt Ihnen Hilfe zu, verspricht Ihnen viele schöne Dinge, aber hält sich nicht oder nur teilweise daran. Er benutzt diese Versprechungen, um Sie gefügig zu machen und sich gut darzustellen, und setzt Sie damit unter Druck. Nur, wenn Sie sich „richtig“ verhalten, bekommen Sie eine Belohnung.

4. Ihr Partner ignoriert Ihre Privatsphäre. Er wird zum Beispiel sexuell zudringlich, ohne dass Sie damit einverstanden sind, spioniert Ihnen nach, belästigt Sie mit unzähligen Anrufen, kontrolliert Ihre Kontaktliste auf dem Handy, liest Ihre Nachrichten, taucht ohne Verabredung bei Ihnen auf oder kommt plötzlich ohne Vorwarnung ins Badezimmer, während Sie dort Ihre Körperpflege betreiben.

5. Sie stehen ständig in der Kritik. Nichts scheint gut genug für Ihren Partner zu sein, er sucht an Ihrem Äußeren und/oder Ihrem Verhalten andauernd etwas, das angeblich nicht „normal“ oder nicht gut genug ist. Nicht immer erfolgt das durch offene Angriffe, sondern häufig auch durch vermeintlich lustige Kommentare und kleine Sticheleien. Um Anhaltspunkte für seine Angriffe zu haben, beobachtet er Sie ganz genau und fragt Sie insbesondere in der Anfangszeit - scheinbar wohlmeinend und verständnisvoll - darüber aus, womit Sie an Ihnen selbst und Ihrem Leben nicht zufrieden sind und was Sie schon alles falsch gemacht haben. Er scheint ein Gespür dafür zu haben, womit er Sie verletzen kann. Das ist sein (unbewusstes) Ziel – er will Sie zermürben, damit Sie sich schlecht fühlen und er in eine bessere Position kommt.

6. Ihr Partner reagiert extrem empfindlich auf Kritik. Wie bei allem besteht auch bezüglich der Kritik Ungleichheit – er kritisiert Sie bei jeder Gelegenheit, aber selbst duldet er keinerlei Kritik. Sagen Sie ihm nur sachlich, wie man etwas tun sollte, das er gerade anders gemacht hat oder worüber er anderer Meinung ist, rastet er sofort aus oder wird extrem eingeschnappt. Er hat immer Recht und darf alles.

7. Sie bekommen immer wieder Vorwürfe und Schuldzuweisungen zu hören. Ihr Partner sucht die Schuld nicht bei sich, sondern bei Ihnen, egal, was passiert ist. Sogar an seinem Fehlverhalten tragen Sie die Schuld, so will er es Ihnen einreden, um selbst besser dazustehen. Seine einzige Art, Reue zu zeigen, ist ironisch: „Ich bin ja so ein schlechter Mensch, was willst du eigentlich mit mir, du bist perfekt".

8. Ihr Partner ist extrem eifersüchtig. Er unterstellt Ihnen ständig, dass Sie eine Affäre haben, und sucht vermeintliche Beweise dafür. Zum Beispiel achtet er genau darauf, wann Sie nach Hause kommen, ob Sie etwas Neues zum Anziehen haben, die Haare anders tragen, verstohlen aufs Handy gucken, gut oder schlecht gelaunt sind etc.. Er bezieht jede Besonderheit darauf, dass Sie angeblich mit jemand anderem „etwas am Laufen haben" oder auf der Suche nach einem Flirt sind. Aus Eifersucht unterbindet er Ihre anderen Kontakte, erlaubt Ihnen nicht, sich ohne ihn mit jemandem zu treffen, überwacht Sie oder hindert Sie durch Vorwürfe und Erpressungen daran, Ihre sozialen Kontakte zu pflegen. So werden Sie immer mehr isoliert und auf Ihren Partner fixiert.

9. Ihr Partner erpresst Sie emotional. Wenn er weiß oder ahnt, dass Ihnen viel an ihm liegt, nutzt er das, um Sie an sich zu binden. Und zwar, indem er Ihnen mit der Trennung droht oder Ihnen durch sein Verhalten das Gefühl gibt, dass er sich trennen könnte. Wenn Sie sich nicht so verhalten, wie er es will, ihn kritisieren, sich nicht „genug" um ihn kümmern etc., zeigt er Ihnen die kalte Schulter oder unterstellt Ihnen, dass Sie ihn gar nicht wirklich lieben und sich doch von ihm trennen sollten. Oder er sagt, dass er es mit Ihnen nicht länger aushalten könne, und was für ein schlechter Mensch Sie angeblich sind. Er verlässt Sie jedoch nicht wirklich, sondern betont, wie froh Sie doch sein könnten, dass er trotz Ihres Verhaltens bei Ihnen bleibt. Hierdurch verschafft er sich weitere Macht, denn er vermittelt Ihnen den Eindruck, dass Sie ohne ihn allein sein müssten, weil kein anderer es mit Ihnen aushalten würde.

10. Es kommt bei den kleinsten Gelegenheiten zum Streit. Ihr Partner nimmt es sofort persönlich, wenn Sie mit ihm nicht einer Meinung sind, und reagiert heftig und mitunter beleidigend oder aggressiv darauf. Selbst das Fernsehprogramm kann einen schlimmen Streit auslösen, der die halbe Nacht dauert und am nächsten Tag noch in Form einer beleidigten Miene, Reizbarkeit und schnippischem Ton nachwirkt.

11. Ihr Partner verdreht die Tatsachen. Er behauptet, nicht er, sondern Sie würden sich falsch verhalten, und dass Sie alles einfach nicht richtig sehen würden. Dabei wiederholt er die falschen Darstellungen so lange, bis Sie gegebenenfalls an Ihrer eigenen Sicht der Realität zweifeln. Bei Borderlinern geschieht dies ganz unbewusst, da sie die Geschehnisse tatsächlich so verzerrt wahrnehmen, wie sie sie darstellen. Das ändert jedoch nichts daran, dass ihre Partner durch dieses Vorgehen teils zu glauben beginnen, dass sie selbst eine psychische Störung hätten, weil sie der Sicht des eigentlich Erkrankten glauben und so den Kontakt zur echten Realität verlieren. Dieser Effekt, der auch unter dem Begriff Gaslighting bekannt ist, zerstört die Betroffenen psychisch vollkommen und macht sie zu willenlosen Marionetten des toxischen Menschen. Um sich davor zu schützen, hilft ein starkes Selbstbewusstsein, aber zusätzlich sollten Sie die wahre Realität für sich dokumentieren und mit einer Vertrauensperson in ständigem Kontakt stehen.

12. Wenn Sie durch sein Verhalten am Boden sind, wird Ihr Partner freundlich und baut Sie auf. Dadurch stärkt er jedoch nicht Ihr Selbstwertgefühl, sondern nur Ihre Abhängigkeit. Er hat es in der Hand, ob Sie sich gut oder schlecht fühlen. Sobald Sie sich ein wenig erholt haben, holt er zum nächsten herabsetzenden Verhalten aus, um Sie dann wieder aufzubauen, anschließend wieder niederzuschmettern und so weiter. So gewinnt er immer mehr Macht über Sie, bis Sie glauben, dass Sie ohne ihn nicht leben könnten und alles für ihn tun.

Wie der Name schon sagt, geht es bei toxischen Beziehungen eigentlich nur um Partnerschaften, jedoch ist ein entsprechendes Verhalten auch in Freundschaften und familiären Bindungen möglich.

Toxisch wird das Verhältnis aber in jedem Fall nur, wenn Sie es zulassen. Ansonsten schüttet die Person ihr Gift ins Leere, ohne Ihnen zu schaden. Auch, wenn Sie sich bisher noch nicht eingeengt fühlen, Ihr eigenes Leben führen, sich selbstbewusst fühlen und sich auch ansonsten nicht von dem Verhalten Ihres Partners beeinträchtigen lassen, sollten Sie aber wachsam sein, sich Freiraum nehmen, Ihre sozialen Kontakte pflegen und Ihr Selbstwertgefühl stärken, zum Beispiel durch Hobbys, Sport oder eigene Projekte.

CO-ABHÄNGIGKEIT

Zunächst bezog sich der Begriff Co-Abhängigkeit nur auf Angehörige von Alkoholsüchtigen, doch nach und nach erkannte man an, dass es auch bei anderen psychischen Störungen zu diesem Phänomen kommen kann, so auch beim Borderline-Syndrom. Es handelt sich bei der Co-Abhängigkeit um keine anerkannte psychische Störung, auch wenn die Denk- und Verhaltensmuster dies vermuten lassen könnten. Betroffen sein können alle Personen, die dem Erkrankten in irgendeiner Form nahestehen, also neben Partnern, Familienmitgliedern und Freunden auch zum Beispiel Kollegen oder Nachbarn.

Co-Abhängigkeit kann durch eine toxische Beziehung entstehen, sich aber auch ohne aktives Zutun des Borderliners entwickeln. Neben der emotionalen Abhängigkeit ist das Gefühl, für das Wohl des Erkrankten verantwortlich zu sein, für Co-Abhängigkeit charakteristisch. Betroffene glauben, dass sie allein für eine Heilung bzw. Verhaltensänderung sorgen können und geben alles dafür. Teils denken sie auch, dass sie schuld an der Erkrankung seien. Das ist insbesondere der Fall, wenn sie die Störung bzw. das Verhalten erst bemerkt haben, nachdem sie den Erkrankten kennengelernt haben. Auch Schuldzuweisungen des Erkrankten tragen aber dazu bei, dass diese Sichtweise angenommen wird.

Betroffene haben meist ein hohes Einfühlungsvermögen, ein ausgeprägtes Verantwortungsbewusstsein und/oder ein geringes Selbstbewusstsein. Teils ist die Neigung zu Co-Abhängigkeit psychisch bedingt und besteht schon seit der Kindheit, wenn die Eltern suchtkrank waren, eine psychische Störung oder anderweitige Probleme hatten. Das betreffende Kind kümmerte sich dann um alles, was die Eltern nicht schafften, und bekam dafür Anerkennung. Ansonsten wurde es jedoch wenig beachtet, da die Eltern zu sehr in ihre eigenen Sorgen verstrickt waren. Das Kind speicherte somit ein, dass es nur wertvoll ist, wenn es anderen hilft. Borderliner und Co-Abhängige sind sich also in gewisser Hinsicht ähnlich, denn sie suchen beide nach Anerkennung. Das macht die Situation jedoch leider nicht weniger problematisch.

Co-Abhängigkeit kann zum Verlust des Selbstwertgefühls und der Lebensfreiheit führen, da der Betroffene den erkrankten Menschen ins Zentrum seines Denkens und Handelns stellt, und wie eine toxische Beziehung diverse schwerwiegende körperliche und psychische Beschwerden auslösen. Sie kann aber zudem dazu führen, dass der an Borderline (oder einer anderen Störung) Erkrankte sich weiter in sein negatives Verhalten hineinsteigert, denn als Co-Abhängiger versucht man zwar, zu helfen, aber verhält sich genau falsch. Man entschuldigt das Verhalten immer wieder, rechtfertigt es, verschweigt es vor Außenstehenden, kümmert sich über die Maßen um den Erkrankten und versucht, ihm alles recht zu machen. So gibt man ihm ganz genau den falschen Eindruck - nämlich, dass sein Verhalten richtig wäre. Er kann tun und lassen, was er will, man verzeiht und ist gut zu ihm. Man schenkt ihm volle Aufmerksamkeit und gibt sein eigenes Leben für ihn auf. Sogar Vorwürfe, Beleidigungen und Aggressionen erträgt man tapfer und versucht, die Stimmung des Erkrankten durch noch fürsorglicheres, verständnisvolleres Verhalten aufzuhellen.

Mit anderen Worten: Er verhält sich falsch und man belohnt ihn dafür. So fühlt er sich (vorübergehend) wertvoll, aber leider aus dem falschen Grund - nicht um seiner selbst willen, sondern für sein problematisches Verhalten. Die logische Folgerung seines Unterbewusstseins ist: Es ist gut so, wie ich mich verhalte, denn dafür bekomme ich Anerkennung, also verhalte ich mich weiter so und sogar noch ein bisschen schlimmer, vielleicht gibt es dann noch mehr Anerkennung. Und es funktioniert, dank Co-Abhängigkeit. Das heißt jedoch nicht, dass Sie schuld am Verhalten des Erkrankten sind! Reden Sie sich das niemals ein und lassen Sie es sich auch nicht von ihm oder jemand anderem einreden.

Sie haben die Störung nicht verursacht. Diese ist in seinem eigenen Gehirn entstanden, und selbst wenn Sie den Erkrankten zu der Zeit schon kannten, war es trotzdem er selbst, der die Störung entwickelt hat. Niemand muss eine psychische Störung bekommen, weil etwas Bestimmtes passiert. Es gibt genügend Menschen, die wirklich schlimme Dinge erlebt haben, auch in ihrer Kindheit, und psychisch vollkommen gesund sind. Es ist bedauerlich für Ihren Angehörigen, dass er diese Störung hat, aber Sie können nichts dafür. Was im eigenen Gehirn geschieht, unterliegt nur der eigenen Verantwortung. An der Entstehung in der Kindheit waren Sie höchstwahrscheinlich nicht ursächlich beteiligt, also können Sie sich dafür nicht die Verantwortung auferlegen. Und als Erwachsener, oder meist auch schon im Verlauf der Jugend, ist ein Mensch in der Lage, die eigenen Gedanken, Gefühle und Verhaltensweisen zu beurteilen und zu kontrollieren, wenn er daran arbeitet.

Ob Borderline oder eine sonstige Störung bleibt oder sich womöglich verschlimmert, liegt daher voll und ganz in der Verantwortung des Erkrankten selbst. Auch, ob Co-abhängiges Verhalten ihn beeinflusst, unterliegt voll und ganz seiner Eigenverantwortung. Sie sollten die betreffenden Verhaltensweisen jedoch trotzdem abstellen, um den zuvor beschriebenen Effekt der „Belohnung" zu vermeiden – auch um Ihrer selbst willen, denn Sie sind dem Verhalten schließlich ausgesetzt, zumindest, wenn Sie den Kontakt aufrechterhalten.

In erster Linie wirkt sich Co-Abhängigkeit aber negativ auf Sie selbst aus. Insofern sollten Sie dringend anfangen, Ihr eigenes Leben zu führen, die Eigenverantwortung des Erkrankten für sein Leben anzuerkennen und Ihr Selbstbewusstsein zu steigern, sodass Sie sich nicht länger abhängig von der Anerkennung des Erkrankten fühlen. Hilfe ist wichtig, aber nur in einem begrenzten Ausmaß und auf eine Art, die wirklich hilft. Hierauf komme ich im letzten Abschnitt dieses Kapitels noch zurück.

Woran erkennen Sie nun aber, ob Sie Co-abhängig sind? Die nachfolgende Checkliste verrät es Ihnen.

1. Sie fühlen sich verantwortlich für Ihren Angehörigen.

2. Sie denken, dass Sie die einzige Person sind, die dem betreffenden Menschen helfen kann.

3. Sie versuchen, dem Erkrankten alles recht zu machen.

4. Die Hilfe, die Sie für die betreffende Person leisten, gibt Ihnen das Gefühl, wertvoll zu sein.

5. Sie ziehen sich von anderen sozialen Kontakten zurück.

6. Sie vernachlässigen Ihr eigenes Leben, um für Ihren Angehörigen da zu sein.

7. Ihre Gedanken drehen sich ständig um das Wohl und das Verhalten des Erkrankten.

8. Sie haben Schuldgefühle, wenn Sie etwas für sich tun oder nur darüber nachdenken, Ihre eigenen Bedürfnisse zu erfüllen.

9. Sie haben das Gefühl, nicht gut genug zu sein.

10. Sie denken, dass Sie am Verhalten Ihres Angehörigen schuld sind.

11. Sie beziehen die Gefühlsregungen und das Verhalten des Erkrankten grundsätzlich auf sich und beobachten seine Mimik, Gestik, Wortwahl etc. ganz genau, um Rückschlüsse auf seinen Gemütszustand zu ziehen.

12. Sie rechtfertigen und entschuldigen das Verhalten der betreffenden Person vor sich selbst und anderen.

13. Sie nehmen sich Vorwürfe Ihres Angehörigen sehr zu Herzen.

14. Sie haben das Gefühl, nicht ohne den betreffenden Menschen leben zu können.

15. Sie decken das Verhalten Ihres Angehörigen, zum Beispiel, indem Sie ihn wegen angeblicher Erkältung beim Arbeitgeber entschuldigen, wenn er aufgrund seiner Launen oder einer durchzechten Nacht nicht zur Arbeit gehen kann.

16. Sie bezahlen Schulden, Bußgelder oder Ähnliches, was der Erkrankte durch sein ungebremstes Verhalten verursacht.

17. Sie haben das Gefühl, für zwei zu leiden.

18. Sie sind wütend und verzweifelt, weil die betreffende Person sich einfach nicht ändert, aber glauben immer wieder ihren Versprechungen.

19. Sie haben Ihrem Angehörigen schon mehrfach gesagt, dass Sie ihn verlassen, wenn er sich nicht ändert, aber Sie haben es nicht getan.

20. Sie haben Angst, allein zu sein, wenn die Beziehung zu dem Erkrankten zerbricht.

21. Sie fühlen sich nicht in der Lage, den Kontakt abzubrechen, weil Sie befürchten, dass es Ihrem Angehörigen dann noch schlechter geht oder er sich etwas antut.

22. Sie fühlen sich ständig gestresst und angespannt.

23. Sie sind häufig niedergeschlagen oder reizbar.

24. Sie leiden an Schlafstörungen, Stimmungsschwankungen, Abgeschlagenheit, Antriebslosigkeit, Konzentrationsschwäche, Kopf-, Rücken- oder Gliederschmerzen, Magen-Darm-Störungen, Herzrhythmusstörungen oder Hautirritationen.

25. Sie versuchen, Ihre Verzweiflung durch Alkohol, Nikotin, Medikamente, übermäßiges Essen oder ähnliches suchtartiges Verhalten zu betäuben.

Wenn mindestens fünf Merkmale auf Sie zutreffen, ist es naheliegend, dass Sie Co-abhängig sind. Je mehr Kriterien erfüllt sind, desto stärker ist Ihre Abhängigkeit möglicherweise bereits. Aber auch, wenn nur ein Merkmal zutrifft, sollten Sie verstärkt auf sich achten, denn Co-Abhängigkeit entwickelt sich nicht von heute auf morgen, sondern ist ein schleichender Prozess.

Co-Abhängigkeit und toxische Beziehungen sind eigene komplexe Themen, die in diesem Buch nur grob angerissen werden können. Wenn Sie den Verdacht haben, dass eines von beiden auf Sie zutrifft, informieren Sie sich bitte mithilfe eines Psychotherapeuten und/oder entsprechender Literatur, wie Sie sich daraus lösen können. Die Tipps im folgenden Abschnitt und im Bonuskapitel können Ihnen jedoch zusätzlich eine Unterstützung sein.

RICHTIGES VERHALTEN IM UMGANG MIT EINEM BORDERLINE-ERKRANKTEN

Es steht außer Frage, dass man einem Menschen, der einem viel bedeutet und der offensichtlich Probleme hat, zur Seite steht. Man darf sich dabei jedoch nicht selbst verlieren. Jeder Mensch muss für sich selbst entscheiden, ob er den Kontakt zu einem Borderline-Erkrankten aufrechterhalten möchte oder ob er sich zu seinem eigenen Schutz distanzieren muss. Dabei spielt nicht nur die eigene Verfassung in Bezug auf die Psyche, die körperliche Gesundheit und das sonstige Leben eine Rolle, sondern auch das Verhalten des Erkrankten. Je impulsiver und aggressiver er ist und je verzerrter er die Dinge wahrnimmt, desto größer ist die Belastung, insbesondere wenn er sich möglicherweise weigert, eine Therapie zu machen, und/oder gewalttätig ist.

Sie müssen ehrlich beurteilen, ob Sie die Situation ertragen können und wollen. Nur aus Verantwortungsgefühl zu bleiben und dafür Ihr eigenes Leben wegzuwerfen, ist sicher nicht die richtige Entscheidung, und zwar für keinen von beiden, denn eine positive, liebevolle und vertraute Stimmung entsteht unter solchen Umständen sicher nicht. Wenn dieser Mensch Ihnen jedoch wirklich am Herzen liegt und er Sie ebenso gernhat, dann ist das gute Verhältnis es wert, dass Sie beide sich dafür einsetzen und es zusammen schaffen. Die Betonung liegt aber auf „beide".

Der Borderliner muss daran arbeiten, sein Verhalten positiv zu verändern und seine Störung zu besiegen. Sie können das nicht für ihn tun, denn sein eigenes Denken, Fühlen und Handeln liegen ganz allein in seiner eigenen Verantwortung. Genauso, wie Ihr eigenes Leben in Ihrer Verantwortung liegt. Dies beides zu erkennen, ist der erste wichtige Schritt. Sie sind weder schuld an der Störung Ihres Angehörigen, noch können Sie sie heilen, und Ihr Angehöriger kann nicht über Ihr Leben bestimmen.

Sie können den Erkrankten aber in zweierlei Weise unterstützen: Zum einen sollten Sie ihn motivieren, eine Therapie zu machen, denn Borderline ist eine ernsthafte psychische Störung, die Mithilfe eines Psychotherapeuten behandelt werden sollte. Selbsthilfeübungen können zwar zusätzlich hilfreich sein, aber ersetzen keine Therapie. Zum anderen sollten Sie an sich selbst arbeiten, an Ihrer eigenen Gelassenheit, Ihrem Selbstbewusstsein und Ihrer inneren Stärke, und Sie sollten lernen, wie Sie am besten mit einem Borderliner kommunizieren und umgehen. Als Hilfe für Sie selbst kann eine Therapie, ein psychologisches Coaching oder die Teilnahme an einer Selbsthilfegruppe ebenfalls wertvoll sein. Wenn Sie sich psychisch oder körperlich schlecht fühlen, ist dies sogar ratsam. Um den richtigen Umgang mit Ihrem erkrankten Angehörigen zu lernen, ist es hilfreich, wenn Sie in seine Therapie einbezogen werden, falls er eine macht. Näheres besprechen Sie bitte mit einem Psychotherapeuten Ihrer Wahl. Zusätzlich dazu, oder gegebenenfalls stattdessen, gibt es nützliche Tipps und Strategien, die Sie ganz einfach selbst anwenden können. Einige davon möchte ich Ihnen jetzt vorstellen.

Stärken Sie Ihr eigenes Selbstwertgefühl. Um dauerhaft ohne psychische Konsequenzen mit einem Borderliner zusammen sein zu können und ihm der starke Anker zu sein, den er benötigt, müssen Sie selbstbewusst sein und dürfen nicht an sich zweifeln. Unabhängig von Ihrem Verhalten gegenüber dem Erkrankten müssen Sie daher vor allem auch etwas für sich selbst tun. Stärken Sie Ihr Selbstwertgefühl, indem Sie sich mit Dingen beschäftigen, die Ihnen Spaß machen und die Sie gut können. Nehmen Sie sich Freiraum und Zeit für sich. Sie haben ein Recht darauf. Suchen Sie sich ein Hobby, engagieren sich ehrenamtlich, verwirklichen Sie eigene Projekte. Finden Sie heraus, welche Stärken, Talente und Interessen Sie haben, und gehen Sie diesen nach. Machen Sie das nur für sich oder gegebenenfalls für ein gemeinnütziges Projekt, ohne dadurch die Anerkennung Ihres Angehörigen zu suchen.

Schreiben Sie sich Ihre Stärken auf und werden Sie sich bewusst, was für ein toller Mensch Sie sind. Akzeptieren Sie jedoch auch Ihre Schwächen. Niemand ist perfekt, und ohne ein paar Dinge, die vielleicht nicht ganz so toll sind, wären Sie nicht derselbe Mensch mit den ganzen wunderbaren Eigenschaften, die Sie besitzen. Respektieren und lieben Sie sich als großes Ganzes. Schließen Sie Frieden mit den Dingen, die Sie an sich vielleicht nicht so gern mögen. Das ist sehr wichtig, denn ansonsten sind Sie über diese Punkte angreifbar für Kritik, Vorwürfe und Beleidigungen des Erkrankten. Hilfreich sind Ihnen dabei andere enge Bezugspersonen, die Sie so lieben, wie Sie sind, und keine psychische Störung haben. Ohnehin gehört es zu Ihrem freien, eigenen Leben, verschiedene soziale Kontakte zu haben. Nehmen Sie sich diesen Freiraum, auch wenn es dem Erkrankten nicht passt. Erklären Sie ihm jedoch alles sachlich und offen, und machen Sie ihm klar, dass sich dadurch nichts an Ihrer Liebe zu ihm ändert. So, wie er Zeit für sich allein beansprucht, seinen eigenen Interessen nachgeht und andere Menschen trifft, steht es auch Ihnen zu. Lassen Sie sich darin nicht beirren. Beobachten Sie zudem Ihr Verhalten und Ihre Gedanken- und Gefühlswelt. Wann immer Sie sich minderwertig fühlen oder denken, Sie müssten Ihrem Angehörigen alles recht machen, wann immer Sie sich für ihn verbiegen, sagen Sie sich: „Ich bin ein wertvoller Mensch. Ich lebe mein eigenes Leben. Ich bestimme über mich selbst." Diese sogenannten Affirmationen wirken stärkend auf Ihre Psyche, und je öfter Sie sie verinnerlichen, desto tiefer prägen sie sich ein.

Nehmen Sie das Verhalten des Erkrankten nicht persönlich. Menschen mit Borderline-Syndrom behandeln ihre Mitmenschen zwar phasenweise so, als wären diese ihre größten Feinde und hätten ihnen Schlimmes angetan. Sie meinen es aber nicht persönlich, sondern es ist nur ein unbewusstes Muster, das sich auf Erfahrungen aus ihrer Vergangenheit bezieht. Machen Sie sich das immer wieder klar. Schaffen Sie sich ein „dickes Fell" an. Lassen Sie die negativen Launen, Vorwürfe, Beleidigungen etc. des Erkrankten an sich abprallen.

Er möchte sich nicht so verhalten und im Grunde tut es ihm selbst ebenso weh wie Ihnen, wenn er Sie verletzt. Es liegt aber bei Ihnen, ob Sie sich verletzen lassen. Betrachten Sie sein Verhalten mit Distanz und führen Sie sich, wenn er gerade wieder einen dieser Momente hat, die in ihm selbst liegenden Gründe vor Augen. Das ermöglicht Ihnen, Ruhe zu bewahren und nicht (oder zumindest weniger) unter seinen Ausbrüchen zu leiden. Zudem vermeiden Sie auf die Art, sich in einen Konflikt verwickeln zu lassen, denn wenn Sie gar nicht persönlich gemeint sind, brauchen Sie sich auch nicht zu verteidigen. Sie schützen also nicht nur sich selbst, sondern wirken auch einer Eskalation entgegen und tragen somit zu einer gelasseneren Stimmung zwischen Ihnen beiden bei.

Seien Sie geduldig und selbstbeherrscht. Veränderungen kommen nicht von heute auf morgen. Der Erkrankte wird, so sehr er sich auch bemüht, seine typischen Denk- und Verhaltensmuster nicht einfach plötzlich verlieren. Es ist ein langer Prozess und er braucht Sie dabei als Ruhepol und Fels in der Brandung. Wenn Sie sich aufregen und ihm Druck machen, verschlimmern Sie die Situation. Motivieren Sie ihn und sagen Sie ihm immer wieder, dass Sie an ihn glauben. Auch wenn Sie manchmal das Gefühl haben, gegen eine Wand zu sprechen, und am Rande der Verzweiflung sind, reißen Sie sich zusammen.

Atmen Sie tief durch, gleichmäßig und ruhig, und erinnern Sie sich daran, wie wichtig Ruhe und Gelassenheit auf dem Weg in eine positive Zukunft für Sie beide sind. Das heißt aber natürlich nicht, dass Sie alles von Ihrem Partner hinnehmen und ihm alles recht machen sollen, sondern nur, dass Sie selbst keine Gefühlsausbrüche haben und einen klaren Kopf bewahren sollen. Nur so können Sie helfen, und außerdem ist es gesünder für Sie, da Sie ausgeglichener sind und Ihre Energie nicht vergeuden.

Setzen Sie wirksame Mittel zur Streitvermeidung ein. Auf keinen Fall sollen Sie einfach „ja" zu allem sagen, was der Erkrankte will und behauptet. Falls Sie das bisher getan haben, gewöhnen Sie sich das bitte ganz schnell ab. Sie tun damit weder Ihnen selbst noch Ihrem Angehörigen etwas Gutes. Er muss lernen, Ihre Meinung und Bedürfnisse zu respektieren, und Sie müssen lernen, zu sich selbst zu stehen und Ihren Freiraum zu beanspruchen. Doch jegliche Meinungsverschiedenheit muss immer sachlich und freundlich ausgetragen werden. Der Erkrankte wird dazu nicht immer in der Lage sein, aber Sie können das, und wenn einer einfach nicht beim Streiten mitmacht, gibt es keinen wirklichen Streit.

Bleiben Sie ruhig, legen Sie Ihre Argumente auf leicht verständliche Weise dar und lassen Sie sich nicht provozieren. Je nachdem, wie schlimm das Stimmungstief beim Erkrankten ist, wird er sich möglicherweise durch Ihre gelassene, sachliche Art anstecken lassen und die „dicke Luft" löst sich in einem konstruktiven Gespräch und/oder einem Kompromiss auf. Wenn Sie jedoch merken, dass Ihr Angehöriger nicht zugänglich ist, stur auf seiner Meinung beharrt, beleidigend oder aggressiv wird, unterbrechen Sie das Gespräch, bis er sich wieder gefangen hat. In Momenten, in denen die Gefühle dem Borderliner kein klares Denken mehr erlauben, sind komplizierte Erklärungen nicht hilfreich, sondern fördern in ihm noch das Gefühl, nicht verstanden zu werden, und seine Wut. Sie sollten gemeinsam ein Signal für solche Situationen vereinbaren, zum Beispiel ein Handzeichen oder ein Wort wie „Halt" oder „Time-out". Dadurch wird ohne weitere Diskussion klargestellt, dass jetzt erst einmal Schluss ist. Wahlweise sollten Sie sich dann zu zweit mit etwas beschäftigen, das für Sie beide positiv ist, oder jeder für sich allein „durchatmen". Wenn die Stimmung wieder harmonisch ist, können Sie das Thema vorsichtig wieder anschneiden – vorausgesetzt, es ist wichtig.

Treffen Sie klare, eindeutige Aussagen. In den Gedanken und Gefühlen des Borderliners ist es chaotisch genug. Deshalb bringen Unentschlossenheit und schwammige Äußerungen ihn leicht zur Weißglut. Vermeiden Sie es daher, ihn hinzuhalten, Ihre Entscheidungen spontan zu ändern oder Dinge mehrdeutig zu formulieren. Wenn Sie sich unsicher sind, erklären Sie dies direkt und sagen Sie dem Erkrankten, dass Sie Bedenkzeit brauchen. Überlegen Sie sich gut, was Sie wollen, bevor Sie sich für oder gegen etwas entscheiden. Halten Sie sich an Vereinbarungen, zum Beispiel, wenn Sie sagen, dass Sie sich zu einer bestimmten Zeit melden. Erklären Sie aber auch in einfachen, sachlichen Worten, warum man nicht immer auf die Minute genau an einem Treffpunkt erscheinen oder eine Nachricht abschicken kann. Wichtig ist jedoch auch, dass Sie Ihren Freiraum haben und Ihr Angehöriger lernt, damit umzugehen. Besprechen Sie dieses Thema ebenfalls ruhig und sachlich, und sagen Sie ihm direkt, wann Sie nicht zu erreichen sind, arbeiten müssen oder etwas allein oder mit Freunden unternehmen. Die klare, offene Information hilft ihm, weniger eifersüchtig zu sein.

Kommunizieren Sie lieber persönlich, anstatt per Handy. Es ist eine Unart unserer heutigen Zeit geworden, mehr zu chatten als von Angesicht zu Angesicht miteinander zu reden. Das führt schon ohne Borderline zu genügend Missverständnissen, aber in einer ohnehin so schwierigen Konstellation ist es pures Gift. Borderliner haben große Schwierigkeiten damit, sich in ihr Gegenüber hineinzuversetzen und Aussagen neutral aufzufassen. Was ankommt, ist das, was die Psyche des Erkrankten aus den Worten macht. Im persönlichen Gespräch ist dieses Problem auch gegeben, aber durch Mimik und Gestik ist die Gefahr von Missverständnissen geringer. Zudem kann man schneller reagieren - man merkt sofort am Gesichtsausdruck des Borderliners, dass er etwas falsch aufgefasst hat, und kann schnell durch eine richtigstellende Erklärung oder Beschwichtigung den Gefühlsausbruch verhindern. Insbesondere bei schwierigen Themen, aber auch generell sollte deshalb die persönliche Kommunikation bevorzugt werden, um unnötige schlechte Stimmung zu vermeiden.

Seien Sie einfühlsam, aber nicht mitleidig. Verständnis ist enorm wichtig für einen Borderline-Erkrankten, denn es gibt ihm das Gefühl von Sicherheit und Wertschätzung. Hören Sie ihm zu und ermuntern Sie ihn, von sich zu erzählen. Seien Sie wirklich aufmerksam und interessiert. Zeigen Sie ihm das durch Blickkontakt, zugewandte Körperhaltung und angemessene sprachliche Reaktionen und Rückfragen. Achten Sie aber darauf, ihm nicht ins Wort zu fallen, sondern passen Sie den richtigen Moment ab, um etwas zu sagen. Berichtet er über etwas, das ihn traurig macht, trösten Sie ihn. Vom Verständnis bis zum Mitleid ist es jedoch ein schmaler Grat, den Sie nicht überschreiten sollten, denn Mitleid kann den Zustand des Borderliners verschlimmern.

Sie dürfen ihn also nicht in Watte packen und sollten versuchen zu verhindern, dass eine niedergeschlagene Stimmung länger andauert. Mit dem Trösten ist es also nicht getan, sondern Sie sollten ihn anschließend aufmuntern und motivieren, an etwas anderes zu denken. Wenn er allerdings wegen Ihres angeblich nicht guten Verhaltens niedergeschlagen oder aufgebracht ist, gelten andere Regeln. Auch hier sollten Sie erst einmal offen zuhören – wer weiß, vielleicht haben Sie ja wirklich etwas gemacht, das nicht so gut war. Niemand ist unfehlbar. Wenn ja, entschuldigen Sie sich ehrlich, aber lassen sich keine Schuldgefühle einreden. Wenn nicht, erklären Sie ruhig und sachlich, worin das Missverständnis besteht. Für alles Weitere siehe „Streitvermeidung".

Ziehen Sie Grenzen. Wenn man sich gernhat, dann hilft man sich und geht aufeinander ein, das ist klar. Borderliner beanspruchen von ihren Mitmenschen jedoch immer mehr. Dem dürfen Sie nicht nachgeben, sondern Sie müssen lernen zu sagen: „Bis hierhin und nicht weiter." Das gilt für alles in Ihrem gemeinsamen Leben und für den Einfluss, den der Erkrankte auf Ihr Leben nehmen möchte. Legen Sie gemeinsam Regeln fest, was Sie sich wünschen und vom anderen erwarten. Dabei gilt: „Gleiches Recht für beide." Was Ihr Angehöriger darf, dürfen Sie auch und umgekehrt.

Den Freiraum, den jeder selbst möchte, muss er also auch dem anderen zugestehen, oder er darf ihn selbst nicht beanspruchen. Ebenso gilt Gleichberechtigung bei Hilfeleistungen und Tätigkeiten in gemeinsamen Bereichen wie zum Beispiel dem Haushalt. Das heißt nicht, dass jeder ganz genau das Gleiche tun muss, aber dass die Arbeiten und Hilfen der Summe nach ausgeglichen sein müssen. Legen Sie außerdem ein Signal für Situationen fest, wenn der Erkrankte etwas von Ihnen fordert oder Ihnen wegen etwas Vorwürfe macht, das jenseits der Grenzen liegt. Am einfachsten ist das Wort „Stopp".

Geben Sie dem Borderliner Möglichkeiten, seine Stärken zu zeigen. Es ist wichtig, dass er Selbstbewusstsein schöpft und merkt, dass er wertvoll ist. Dabei haben Erfolgserlebnisse eine große Bedeutung. Helfen Sie ihm, seine Stärken zu erkennen, indem Sie ihn für seine Talente und positiven Eigenschaften loben. Ermutigen Sie ihn, diese auszuleben, und entwickeln Sie gemeinsam mit ihm Ideen, wie das am besten stattfinden kann. Lassen Sie sich auch von ihm helfen, denn dadurch fühlt er sich sinnvoll. Setzen Sie jedoch Grenzen, um sich Ihre Selbstständigkeit zu bewahren und ihn nicht auszunutzen. Erklären Sie einfühlsam, eindeutig und sachlich, warum Sie seine Hilfe gegebenenfalls nicht annehmen.

Sie sollten vermeiden, dass er sich zurückgewiesen fühlt, aber er muss ein angemessenes Ausmaß von Hilfsbereitschaft lernen. Vergessen Sie nicht, sich für seine Hilfe zu bedanken und den Dank ehrlich und herzlich klingen zu lassen. Ein Erfolgserlebnis ist es ebenfalls, wenn der Erkrankte selbst Ideen hat, um seine oder Ihre gemeinsamen Schwierigkeiten zu lösen. Geben Sie ihm bei Gesprächen zur Problemlösung daher etwas Zeit, um eigene Ansätze zu entwickeln, anstatt ihm direkt Ihre Ideen mitzuteilen. Damit solche Gespräche zielführend sind, sollten sie immer nur in „guten" Phasen stattfinden.

Bonus: Liebe & Freundschaft kann alles überwinden – Ermutigende Geschichten und Tipps für mehr positive Energie und Gelassenheit

Borderline ist kein Schicksal, sondern kann besiegt werden, und wenn man sich wirklich liebt oder sehr gut befreundet ist, schafft man das zusammen. Eine sehr wichtige Rolle dabei spielen Zuversicht, Zusammenhalt und eine positive Lebenseinstellung. Die beiden Geschichten in diesem Kapitel zeigen Ihnen, dass nichts unmöglich ist. Im Anschluss gibt es eine Zusammenfassung der Tipps, die Sie direkt anwenden können, um trotz der Erkrankung eine harmonische, glückliche Beziehung oder Freundschaft zu führen. Für liebevolle Familien und freundschaftliche Verhältnisse zu Kollegen oder Nachbarn gelten die Tipps natürlich genauso.

GROßE LIEBE

Angelina (24 Jahre alt) und Paul (25 Jahre alt) sind seit einigen Monaten ein Paar. Verliebt. wie sie sind, wohnen sie seit ein paar Wochen schon zusammen und teilen sich alles. Beide studieren noch, sie Soziologie und er Pädagogik. Also haben sie außer ihrer Liebe auch noch eine Menge Gesprächsstoff, der sie verbindet. Sie glauben beide fest daran, dass sie das ganze Leben zusammenbleiben, dass sie im anderen die Liebe ihres Lebens gefunden haben, aber schon nach kurzer Zeit kommt es zwischen den beiden leider zu Streitereien und Missverständnissen, wobei es größtenteils um Kleinigkeiten des Alltagslebens geht. Beide sind traurig über die immer wieder unnötig auftretenden Probleme und Auseinandersetzungen.

Besonders Paul regt sich über vollkommen unbedeutende Kleinigkeiten auf und bekommt wie aus dem Nichts schlechte Laune. Zum Teil ist er auch rechthaberisch und ohne Grund eifersüchtig. Und Angelina ist nicht unbedingt diejenige, die gern nachgibt. Sie hat ein ziemlich großes Temperament und Stress ohne Grund mag sie überhaupt nicht. Aber sie denkt andererseits, dass Streit zu einer Beziehung dazugehört. So hat sie es in ihrer Familie gelernt. Dort wurde geliebt, gelacht, geweint und gestritten. Aber ihre Eltern sind immer noch ein verliebtes Ehepaar und die ganze Familie trifft sich gern. Eifersüchtig ist Angelina aber auch, jedenfalls in einem angemessenen Rahmen. Sie hat einige schlechte Erfahrungen gesammelt. Alle „Vorgänger" von Paul haben sie tatsächlich belogen und betrogen, bis es Angelina zu viel wurde und einfach Schluss war. Sie will einen Mann für sich allein.

Außerdem hat sie noch einen kleinen, alten Komplex. Sie denkt permanent, dass sie zu dick ist. Das kommt daher, dass sie in ihrer Kindheit eine Zeit lang Übergewicht hatte, unsportlich war und deswegen von vielen Kindern ziemlich stark gemobbt wurde. Obwohl sie inzwischen eigentlich ein relativ hohes Selbstbewusstsein entwickelt hat, sind ihre Figur und ihre Sportlichkeit immer noch ein wunder Punkt für sie. Paul versteht das nicht, er liebt sie, wie sie eben ist. Aber er hat ein handfestes Problem, das er Angelina bisher verschwiegen hat. Er hat Borderline, zwar nicht so stark ausgeprägt, aber immerhin.

Endlich fasst er sich ein Herz und gesteht dies Angelina, damit sie ihn besser verstehen kann. Er versucht auch schon lange, an sich zu arbeiten, um sein Verhalten in den Griff zu bekommen, aber das klappt bisher leider nicht so gut. Nun hat Angelina die Erklärung für Pauls Launen, seine Gereiztheit, seine Eifersucht und alles, was noch so passiert. Sie versteht jetzt besser, was in Paul vorgeht, wenn sie sich über Nichtigkeiten in die Haare kriegen und er ihr Unterstellungen macht, obwohl sie gar nichts Böses gesagt oder getan hat. Ihr wird auch klar, dass es für ihn eine große Herausforderung ist, trotzdem ein schönes Leben zu führen, und dass der Umgang mit ihm viel Toleranz und Gelassenheit erfordert.

Paul weiß nicht so genau, warum er Borderline hat. Es wird wahrscheinlich daran liegen, dass er ein Einzelkind ist und seine Eltern nie viel Zeit für ihn hatten. Sie waren beruflich stark eingespannt und er hatte als Kind und in seiner Jugend den Eindruck, dass er für sie unwichtig oder überflüssig war. Und dann haben sie sich auch noch scheiden lassen. Sein Vater hat sich danach überhaupt nicht mehr um ihn gekümmert und auch seine Mutter hat lieber ihr eigenes Leben gelebt und nur das Nötigste für Paul getan. Wegen seines damals schon schwierigen Verhaltens ging in seiner Schulzeit auch noch seine erste Liebesbeziehung kaputt. Glücklicherweise hatten seine Lehrer Verständnis für ihn und ein paar Freunde hatte er auch. Trotzdem hat er sich innerlich oft leer und einsam gefühlt.

Seit seinem Studium versucht er, sein Verhalten endlich in den Griff zu bekommen, auch wenn er ahnt, dass es immer wieder zu kleineren Ausbrüchen und Rückfällen kommen wird, wie jetzt in seiner Beziehung zu seiner großen Liebe Angelina. Darunter leidet er selbst sehr, sogar mehr als sie, für die Streit in einer Beziehung nichts Ungewöhnliches oder Schlimmes ist, da bei ihren Eltern auch nach dem heftigsten Streit immer sofort die Versöhnung folgte. Auch Angelina selbst durfte sich in der Großfamilie behaupten und ist insofern im Streiten und Sich-Versöhnen geübt. Alle haben sich auch heute immer noch lieb. Wenn Paul einen Streit anzettelt, stört sie das eigentlich nicht so sehr, wenn danach eine liebevolle Versöhnung folgt.

Was sie stört, ist Pauls Rechthaberei. Seine Eifersucht, die bei ihr wirklich absolut fehl am Platze ist, nervt sie auch. Er isoliert sie zwar nicht von ihren Freunden, sondern respektiert, dass sie ihre Freunde genauso treffen möchte wie er seine, aber wenn sie von männlichen Kommilitonen oder Professoren erzählt oder ein anderer Mann nach ihr guckt, unterstellt er ihr sofort, dass da „etwas läuft". Was sie auch noch nervt, ist, dass er schnell beleidigt ist. Insbesondere beim Essen kommt es zu Reibereien. Paul ist ein wirklich guter Koch und bereitet leidenschaftlich gern für sie beide das Essen zu, aber wenn Angelina nach einer normal großen Mahlzeit mit Nachtisch satt ist und auch mal an ihre Figur denkt, ist er gleich eingeschnappt und fragt, ob es ihr nicht schmeckt. Ihm zuliebe isst sie dann manchmal mehr, als ihr guttut. Ihn scheinen ein paar Pfunde mehr nicht zu stören, sie aber schon. Er begreift nicht, dass sie sich die Figur erhalten möchte, mit der sie sich wohlfühlt. Und sie staunt immer wieder, wie viel Paul verdrücken kann, ohne dabei zuzunehmen. Er bleibt einfach schlank. Beneidenswert, findet Angelina. Leider bleibt auch manchmal die erhoffte Versöhnung aus und darunter leiden beide, auch Tränen fließen.

So darf es nicht weitergehen, da ist sich das verliebte Paar einig. Sie wollen ihre große Liebe retten und alles in den Griff bekommen. Sie wollen einfach nur glücklich miteinander sein, so glücklich wie in den ersten Tagen ihrer Beziehung. Da haben sie sich noch nicht gestritten und jeder kleine Augenblick war ein wundervoller Moment des Glücks, ein Moment zum Festhalten, ein Moment für das Album ihres Lebens. Es hat doch alles so viel Spaß und Freude gebracht, so wunderbare Dinge gemeinsam zu erleben und so viel Schönes zu unternehmen. Selbst bei Regen schien die Sonne. Beide dachten, diese schönen Tage würden niemals enden, aber nun hat der Alltag ihnen ein Bein gestellt. Das muss sofort geändert werden. Angelina und Paul setzen sich zusammen und beraten.

Sie beschließen, ganz bewusst viele schöne Dinge zusammen zu machen. Sie wollen durch gemeinsame positive Erlebnisse ihre Beziehung stärken und die gute Stimmung fördern. „Aber was, wenn wir uns dann darüber streiten, was wir zusammen unternehmen?", gibt Paul etwas niedergeschlagen zu bedenken. Doch Angelina hat da eine Idee, die sie aber noch nicht sagen möchte. Paul scheint jedoch ihre Gedanken lesen zu können, denn er äußert direkt denselben Einfall: „Wir machen Lose, auf die wir unsere Ideen draufschreiben. Auf die Lose schreiben wir aber nur Vorschläge von Dingen, die wir wirklich beide lieben. Und wir machen es gleich jetzt zusammen. Jetzt ist ein guter Moment."

Angelina ist froh, nicht nur, weil sie sich einig sind, sondern auch, weil Paul die Idee vorgetragen hat. Das ist bestimmt gut für sein Selbstbewusstsein. Damit später nicht doch gestritten wird, fertigen sie die Lose am Computer an und drucken sie aus, damit keine Handschrift erkannt wird. Ein kleiner Umhängebeutel wird zum „Lostopf". So kann man die Lose von außen nicht erkennen und man kann bequem hineingreifen. Gezogen wird ganz gerecht, die beiden ziehen pro Mal einfach jeder ein Los. Was nicht an einem Tag zu schaffen ist, machen sie dann eben an zwei verschiedenen Tagen.

Viele schöne Dinge stehen auf den Losen: Diverse Spiele für drinnen und draußen, Wanderungen auf verschiedenen Strecken, schwimmen zu gehen, die Natur zu erkunden, ins Kino zu gehen, ein Konzert zu besuchen, Blumen zu pflanzen, Tiere in den Wolken zu erkennen, ein Liebesgedicht zusammen zu schreiben, ein gemütlicher Abend gemeinsam auf dem Sofa, ein Tag am Meer, ganz viel zu küssen, Comics zusammen zu lesen, einen lustigen Film anzuschauen, sich gegenseitig mit dem Finger auf den Rücken zu schreiben und alle möglichen anderen Sachen, die das Budget der beiden nicht überfordern und zeitnah erlebt werden können.

So sollen neue schöne Erlebnisse und Erfahrungen die alten düsteren Erinnerungen aus Pauls Leben überwiegen und überlagern, sodass er innerlich positiv und gefestigt wird und versteht, dass er keine Angst haben muss, nicht liebenswert zu sein. Vielleicht ist der Lostopf ja irgendwann überflüssig, weil nicht mehr der Streit den Alltag der beiden dominiert, sondern Glück und Harmonie dauerhaft in ihrer Beziehung bestehen. Dann kommen die schönen Momente von ganz allein. Ab und zu ein bisschen Streit ist ja auch ganz gesund, weiß Angelina von ihrer Familie, denn manchmal muss man sich einfach Luft machen, aber die Versöhnung danach ist wichtig und der Streit darf nicht überwiegen. Die beiden werden es schaffen, das wissen sie ganz genau, denn ihre Liebe ist wirklich sehr, sehr groß.

Paul arbeitet inzwischen selbst sehr diszipliniert daran, sein Verhalten endlich zum Positiven zu ändern. Und da die beiden jetzt auch viel draußen unternehmen und sich viel bewegen, kann Angelina auch endlich mehr essen, ohne gleich zuzunehmen. Paul macht bereits Fortschritte, ist ausgeglichener, kann sich besser beherrschen und hat nicht mehr so oft schlechte Laune. Auch seine Rechthaberei ist weniger geworden. Er versteht langsam, dass es kein persönlicher Angriff auf ihn ist, wenn jemand eine andere Meinung hat oder etwas besser weiß als er. Seine Eifersucht ist nach wie vor ziemlich schlimm, aber auch hier geht es voran.

Immerhin ist er jetzt in der Lage, Scherze darüber zu machen. Als die beiden wieder einmal bei einer ihrer Lieblingsunternehmungen (Wandern in der Natur) sind, spielen sie Verstecken. Während Angelina sich gerade vor Paul versteckt hält, ruft dieser, nachdem er sie in ein paar Metern Entfernung hinter einem großen Baum entdeckt hat, in gespielt aufgebrachtem Ton: „Na warte, ich komme dich jetzt holen und dann gibt es richtig Ärger. Ich sehe doch ganz genau, dass da noch ein anderer Mann mit hinter dem Baum steht und dass ihr knutscht!" Angelina hat den Spaß verstanden. Sie lacht und ruft zurück: „Dann komm doch her und hol mich!" Und das tut er. Kurz darauf liegen sich die beiden in den Armen und dann wird geknutscht.

So schön kann es sein, wenn man aufeinander zugeht, sich versteht, sich hilft und mit ganz großer Liebe auch schlimme Probleme in den Griff bekommt.

ECHTE FREUNDSCHAFT

Leif und Lorenzo sind allerbeste Freunde. Sie sind beide 31 Jahre alt und kennen sich seit der Schulzeit – und sie haben leider beide Borderline. Das stört die beiden eigentlich nicht und ihre Freundschaft kann nichts und niemand zerstören. Sie gehen nun schon seit 25 Jahren durch dick und dünn und halten zusammen gegen den Rest der Welt. Obwohl sie wegen ihres Verhaltens auch sehr oft aneinandergeraten, vertragen sie sich auch immer schnell wieder. Sie haben gelernt, miteinander gut umzugehen, und verstehen auf Gegenseitigkeit ihre Probleme.

Nicht nur äußerlich sind sie sich irgendwie ähnlich, sondern vor allem auch innerlich. Sogar die Ursachen ihrer Probleme sind sich ähnlich. Beide hatten Schwierigkeiten im Elternhaus, waren den Launen ihrer Eltern ausgesetzt und fühlten sich hin und her geschubst, unverstanden und überflüssig. Das haben die beiden schon in frühester Kindheit zu spüren bekommen. Mit ihren Geschwistern sind sie auch nicht gut zurechtgekommen. Aber sie haben ja sich, seit sie sechs Jahre alt waren. Sie konnten trotz psychischer Probleme und viel Kummer und Missachtung von anderen immer aufeinander zählen. Deswegen ist ihre Borderline-Erkrankung auch nicht ganz so schlimm geworden, wie man es hätte befürchten müssen.

Aber da beide sehr eigensinnig und auch teilweise leicht aufbrausend und launisch sind, allerhand Kapriolen geschossen haben und immer noch schießen, waren sie auch in der Schule bei den meisten Schülern und Lehrern nicht sehr beliebt, wurden wegen ihres ungewöhnlichen Verhaltens und ihrer Launen oft gemobbt und diskriminiert. Das spiegelte sich auch in ihren Schulnoten wider. Die beiden sahen sich schon früh als Künstler, waren beide gern in Malerei vertieft, auch während der anderen Schulfächer. Sie gingen zu einer Gesamtschule, wollten Abitur machen und beide zusammen Kunst studieren.

Oft wurden sie dafür von ihren Mitschülern ausgelacht und auch ihre Elternhäuser hatten keinerlei Verständnis für ihre Neigung, aber da die zwei sich als Freunde mit einem gemeinsamen Ziel hatten, waren sie unbeirrbar und taten, was sie wollten. Wenn andere nicht auf ihrer Seite standen und sie mobbten, gingen sie sofort zum Gegenangriff über. Ihre Eltern, Geschwister, Mitschüler und Lehrer empfanden dieses Verhalten als unerträglich. Psychologen diagnostizierten das Borderline-Syndrom, aber niemand aus dem Umfeld half den beiden Jungs. Und einer Therapie waren beide nicht zugänglich, sie blockierten diese Idee gemeinsam.

Dann war es irgendwann unweigerlich so weit: Wegen extrem schlechter Schulnoten und auch wegen ihres Verhaltens kam für sie nach der zehnten Klasse frühzeitig das Ende der Schulzeit. Kein Abitur, kein Kunststudium, aus der Traum. Von allen Seiten kam dann nur die ironische Bemerkung: „Selbst schuld, ihr zwei Rebellen. Dann lernt ihr jetzt vielleicht wenigstens mal, richtig zu arbeiten, und es ist endlich aus mit eurer Spinnerei vom Kunststudium." Sogar ihr Kunstlehrer versah die beiden zum Abschied noch mit einem unschönen Kommentar: „Kein künstlerisches Talent zu erkennen, Bilder ohne Sinn und Inhalt!" Aufgrund dieser Bewertungen fanden Leif und Lorenzo anschließend keine geeigneten Lehrstellen. Wieso überhaupt Lehre? Sie wollten doch Kunst studieren. Aber sie merkten nun auch so langsam, dass sie mit ihrem Verhalten das Aus selbst mitverursacht hatten. Doch auch, wenn sie miteinander gut umgehen konnten, blieb es mit den anderen so wie vorher. Alle schienen ihre Feinde zu sein.

Nun brachten sie erst einmal gar nichts mehr zustande, sie malten nicht einmal mehr. Gegenseitig bewahrten sie sich davor, ihre Bilder zu vernichten, indem sie sie gemeinsam aufbewahrten, sie ab und zu betrachteten und sich damit trösteten, dass viele berühmte Maler zu deren Zeit verkannt waren und große Probleme hatten. Ach ja, und wegen ihres teils exzentrischen Verhaltens wollten die Mädchen, die Leif und Lorenzo begehrenswert fanden, auch nichts von ihnen wissen.

Aber als die beiden 17 Jahre alt waren, änderte sich doch etwas an ihrem Leben zum Positiven. Gerade, als sie durch die Straßen ihrer Stadt gingen, sahen sie, dass ein älterer Maler auf einer Leiter stand und eine Hauswand ungewöhnlich farbig anstrich. Irgendwie wackelte die Leiter bedrohlich. Der Malermeister sah die beiden vorbeigehen und rief: „Bitte, Jungs, kann mal einer von euch meine Leiter festhalten? Die will nicht stehen!" Das musste man den beiden nicht zweimal sagen. Da war jemand, der sie wichtig fand und ihre Hilfe brauchte. Plötzlich waren sie in dieser trostlosen Welt etwas wert. Und der Malermeister, der seine Arbeit wirklich gut machte, freute sich. Er war begeistert von den beiden, denn sie hielten nicht nur die Leiter für ihn, sondern packten auch beim Streichen und Verzieren der Hauswand mit an.

Der Malermeister sagte: „Ich heiße Knut und ich bin schon 60 Jahre alt. Und ich muss allein arbeiten. Meine Söhne wollen nicht mit mir in der Firma arbeiten. Und wer seid ihr beiden? Und wieso habt ihr den ganzen Nachmittag Zeit, mir zu helfen? Na, raus mit der Sprache!" Leif und Lorenzo erzählten ihm gern ihre Geschichte, von ihren Problemen mit dem Rest der Welt und auch davon, dass sie eigentlich Kunst studieren wollten, aber von der Schule geflogen waren. Endlich hörte ihnen jemand zu. Während sie berichteten, mussten sie sich gegenseitig mehrfach in die Rippen stoßen mit der Bemerkung: „Heul jetzt bloß nicht!" Der Malermeister musste sich kurz abwenden, um seine eigenen Tränen zu verbergen.

Als die beiden Jungen ihn fragten, was denn los sei, antwortete er traurig: „Hört sich irgendwie an wie meine eigene Geschichte." Und dann floss eine Träne über sein altes, kluges Malergesicht. Er schluckte und fügte an: „Wisst ihr, wie man mich früher genannt hat? Einen Spinner und Eigenbrötler. Ich habe dann das Beste aus meinem Leben gemacht, habe trotz vieler Probleme angefangen, mein Leben zu meistern. Und nun bin ich eben Malermeister. Und für mich selbst male ich in meiner Freizeit Bilder, aber niemand will etwas von meinen Bildern wissen."

Die Arbeit am Haus war nun fertig. Knut fragte, ob die beiden beim Einladen der Sachen in sein Auto helfen könnten und vielleicht Lust und Zeit hätten, noch mit in seine Firma zu kommen. Natürlich hatten Leif und Lorenzo Lust. Warum haben sie diesen tollen Menschen nicht eher getroffen? Knut zeigte den beiden nicht ganz ohne Stolz seine Firma und wie er so lebte. Und die beiden Jungen bewunderten nicht nur die Firma, sondern auch die wirklich guten Gemälde des Malermeisters. Knut freute sich über den „Zuwachs". Glücklich sagte er: „Schade, dass ihr tollen Jungs nicht meine Söhne seid. Aber vielleicht wollt ihr meine Lehrlinge werden? Ich schaffe die Arbeit kaum noch allein. Und manchmal gibt es auch Aufträge für eine künstlerische Wandgestaltung. Also, wenn ihr wollt...?"

Er schaute die beiden bescheiden und hoffnungsvoll an. Und Leif und Lorenzo konnten ihr Glück kaum fassen: Sie hatten endlich ihre Lehrstellen. Zwar war es nicht direkt ein Kunststudium, aber nahe dran, wenn man sich so umsah, was der Knut alles so hatte. Sie halfen nun also dem Malermeister Knut, und Knut wurde nicht nur zu ihrem Chef, sondern auch der Vater, den sie nie hatten, und vor allem ihr Freund. Von nun an waren es drei beste Freunde. Der Altersunterschied spielte keine Rolle. Und Knut blühte in der Nähe der beiden merklich auf, erschien wieder jünger. Leif und Lorenzo bekamen durch die Hilfe und Wertschätzung von Knut nach und nach ihr launisches und aufbrausendes Verhalten immer besser in den Griff. Sie bestanden ihre Lehre mit Erfolg und blieben Knut und seiner Firma auch danach natürlich treu.

Dass sie Knut getroffen haben, ist jetzt schon 14 Jahre her. Knut ist mittlerweile 74 Jahre alt und kann nicht mehr so viel arbeiten. Dafür kann er sich jetzt immer mehr seiner Kunst, die wirklich Kunst ist, widmen. Leif und Lorenzo haben inzwischen beide ihren Meister gemacht und mit der kleinen Firma geht es immer weiter aufwärts. Die Arbeit dieses Betriebs ist überall in der Umgebung hochgeschätzt. Und die drei „Spinner" freuen sich und sind überglücklich zusammen, privat und beruflich. Manchmal kommt es noch zu eher harmlosen Auseinandersetzungen zwischen Leif und Lorenzo. Besonders beim Anmischen eines bestimmten Farbtons, nämlich bei der Farbe Türkis. Sie können sich oft einfach nicht entscheiden, ob zu viel Blau oder zu viel Grün beigemischt wurde. Und dann wird gemischt und gemischt, bis Knut gespielt verzweifelt sagt: „So, jetzt ist der Zaubertrank fertig!" Dann lachen alle drei.

Das Selbstbewusstsein von Leif und Lorenzo ist inzwischen so gut, dass die beiden einen Vorstoß wagen, ohne Knut davon etwas zu verraten. Sie machen gute Fotos der Gemälde von allen dreien. Und damit stiefeln sie tatsächlich in die Räume einer angesagten Galerie in der Nachbarstadt. Ohne Umschweife oder Komplexe erzählen sie der Galeristin ihre Geschichte und zeigen stolz die Fotos von den Gemälden. Die Galeristin sagt nur: „Oh Gott!" Und dann schaut sie verwirrt in ihren

Räumen hin und her. Leif und Lorenzo lassen sich nicht anmerken, dass sie etwas irritiert sind. Sie setzen so gut wie möglich ihr „Pokerface" auf. Jetzt bloß nicht wieder ins Schwanken kommen!

Aber dann sagt die Galeristin zur Erleichterung der beiden: „Ich möchte alle Bilder, die Sie mir gezeigt haben, hier ausstellen. Ich hoffe nur, es ist genügend Platz, um alle Arbeiten von Ihnen dreien würdig genug zu präsentieren. Alle Achtung, die Werke sind wirklich großartig. Sie leben in der Stadt nebenan? Wie konnte mir das so lange entgehen?" Gut, die Sache ist besiegelt, die Galeristin erledigt die restlichen Vorbereitungen wie üblich. In Kürze soll die Ausstellung schon stattfinden. Aber wie sagen sie es nun ihrem Knut, ohne dass der vor Glück gleich einen Herzinfarkt bekommt? Und wird er überhaupt damit einverstanden sein?

Mit einem etwas mulmigen Gefühl fahren Leif und Lorenzo in die Firma zurück. Dort erwartet sie Knut mit gespanntem Blick: „Na, was habt ihr zwei Zwerge nun wieder ausgeheckt? Ich sehe euch doch an den Nasenspitzen an, dass etwas Besonderes los ist." Die beiden atmen tief durch und sagen zu Knut: „Setz dich erst mal hin." Und dann lassen sie die Katze aus dem Sack und erzählen von ihrem erfolgreichen Vorstoß. Knut kann es kaum fassen, eine Kunstausstellung auf seine alten Tage. Dann lacht er und nimmt seine beiden Jungs in die Arme: „Ihr seid wirklich noch größere Spinner als ich. Aber die tollsten und erfolgreichsten Spinner der Welt. Wenn ich euch nicht hätte!"

Die Ausstellung wird ein voller Erfolg. Aber die Arbeit des Malerbetriebs geht auch weiter. Knut, Leif und Lorenzo, die drei ungewöhnlichen „Spinner", bleiben bescheiden. Und alle drei genießen ihr doppeltes Glück und die schöne Zeit miteinander. Gut, dass es so gute Freunde gibt, die selbst die schlimmsten Krisen und Probleme zusammen meistern und auch Borderline gemeinsam in den Griff bekommen können.

Knut schaut an einem der glücklichen Tage gespielt bedenklich und sagt: „Hoffentlich müssen wir nicht so schnell wieder dieses Türkis anmischen. Es scheint inzwischen berühmt zu sein!" Leif und Lorenzo entgegnen lachend wie aus einem Munde: „So lasst uns denn auch dieses Problem überwinden!" Und alle drei hoffen auf eine noch lange gemeinsame Zeit, denn außer der Liebe ist doch Freundschaft das höchste Gut der Welt.

DIE TIPPS AUF EINEN BLICK

Schöne Momente: Jeder schöne Moment ist ein Augenblick, in welchem positive Gefühle die negativen verdrängen. Je mehr schöne Momente es gibt, desto weniger Platz ist für negative Energie oder ein Gefühl der Leere. Nicht nur die Anzahl ist jedoch wichtig, sondern noch bedeutender ist es, jeden einzelnen schönen Moment zu genießen und dankbar dafür zu sein, ohne danach gleich wieder daran zu denken, dass der nächste schöne Moment kommen soll. Jedes positive Erlebnis ist ein Geschenk, das einen, wenn man es erkennt und wertschätzt, aufbauen und erwärmen kann. Es müssen keine großen Unternehmungen sein, vielmehr sollten kleine schöne Erlebnisse und einfache Momente harmonischer Zweisamkeit so oft wie möglich in den Alltag integriert werden.

Es darf aber kein Stress entstehen, indem Sie die Momente „jagen". Nutzen Sie einfach die Gelegenheiten im täglichen Leben und nehmen Sie sich, wenn Sie beide Zeit und Lust haben, etwas Schönes vor. Es muss natürlich etwas sein, woran Sie beide wirklich Freude haben. Halten Sie diese Momente fest, in Gedanken, durch ein gemeinsames Tagebuch oder, wenn möglich, auch durch Fotos, und erinnern Sie sich gemeinsam daran. So rufen Sie sich immer wieder ins Gedächtnis, wie schön das Leben und Ihre Beziehung oder Freundschaft ist.

Humor: Lachen vertreibt trübe Gedanken und schlechte Laune. Gemeint ist natürlich kein höhnisches Lachen im Streit, sondern gemeinsames fröhliches, ehrliches, befreites Lachen über etwas, das beide aufheitert. Es gilt also, miteinander zu lachen, aber nicht übereinander! Sich selbst sollte aber jeder mit Humor sehen und über sich lachen oder zumindest lächelnd den Kopf schütteln können. Wichtig ist auch, Scherze des anderen als solche zu erkennen und darauf einzugehen, auch wenn es dabei um Dinge geht, die schon zu Problemen geführt haben. Humor ist ein guter Weg zu positiver Veränderung. Sie sollten sich auch Gelegenheiten zum gemeinsamen Lachen suchen, zum Beispiel durch lustige Filme, Comics oder Spiele. Muntern Sie sich auch gegenseitig auf, wenn einer von Ihnen in schlechter Stimmung ist. Weichen Sie vor dem missmutigen Gesicht des anderen nicht zurück, sondern bringen Sie es zum Strahlen.

Sport: Körperliche Bewegung ist ein wahres Wundermittel. Er senkt den Stresspegel, da die Stresshormone durch die körperliche Aktivität sinnvoll verbraucht werden, und fördert gleichzeitig die Produktion von Glückshormonen, sodass es der Psyche besser geht und man optimistischer wird. Sport sorgt für innere

Ausgeglichenheit und körperliche Gesundheit, sodass das Wohlbefinden insgesamt gesteigert wird, und zudem fördert er das Selbstbewusstsein.

Durch die aktive Betätigung wird darüber hinaus die innere Leere auf positive Art gefüllt. Gemeinsamer Sport ist außerdem eine schöne Unternehmung. Bewegung sollte an keinem Tag fehlen. Es muss aber nicht immer Sport im eigentlichen Sinne sein, sondern auch zum Beispiel spazieren zu gehen, mit dem Fahrrad zum Einkaufen zu fahren oder zu Hause zur Lieblingsmusik zu tanzen, sind gute körperliche Aktivitäten.

Natur: Frische Luft und Sonnenlicht - das übrigens auch bei bewölktem Himmel vorhanden ist - fördern die Ausschüttung von Glückshormonen und verbessern die Gesundheit. In der Natur kann man klarer denken, buchstäblich durchatmen, Energie tanken und zur Ruhe kommen. Bewegung in der Natur ist doppelt gut und zu zweit ist es noch schöner. Die Natur bietet viele Gelegenheiten zu Unternehmungen und Sinneserfahrungen, sodass es einem niemals langweilig wird. Direkt vor Ihrer Tür, in Ihrem Garten oder auf Ihrem Balkon finden Sie zudem eine sinnvolle Aufgabe in der Natur, indem Sie sich eine grüne und blühende Oase erschaffen und diese naturnah erhalten und pflegen. Damit tun Sie nicht nur sich selbst, sondern auch der Umwelt etwas Gutes und haben somit ein sinnvolles Hobby, das Ihr Selbstwertgefühl steigert.

Gemeinsame Projekte: Gleiche Ziele und Vorhaben schweißen zusammen, denn dadurch sind sich beide über etwas einig und fühlen sich vom anderen verstanden. Wenn man gemeinsam an etwas arbeitet bzw. auf etwas hinarbeitet, hat man außerdem etwas zu tun, sodass kein Platz für innere Leere ist. Im Hinblick auf das gemeinsame Ziel kann man zudem lernen, sich aufeinander einzulassen und einzustellen, den anderen zu respektieren und mit Streitsituationen besser umzugehen. Es muss nicht gleich etwas Großes wie ein berufliches Projekt sein, sondern vielleicht legen Sie einen Gemüsegarten an, helfen ehrenamtlich, machen zusammen Musik, lernen eine Fremdsprache oder nehmen sich immer wieder kleine Tagesprojekte vor.

Zusammenhalten: Einer für alle und alle für einen, gemeinsam sind wir stark - so kennen wir alle es aus Filmen und Kinderbüchern, und so sollte man schwierige Situationen auch im wahren Leben angehen. Zu zweit ist alles Schöne doppelt so schön und alles Schwere halb so schwer. Für den Angehörigen ist es nicht leicht, die Launen des Borderliners zu ertragen und trotzdem an dessen Liebe zu glauben, und für den Borderliner ist es schwer, mit dem eigenen Verhalten zurechtzukommen und daran zu glauben, dass jemand ihn wirklich liebt und zu ihm halten will. Das sollte nicht nur jeder für sich in seinem Kopf überwinden, sondern beide sollten offen über ihre Gefühle sprechen und sich gegenseitig Vertrauen, Verständnis und Mut schenken.

Tief durchatmen: Wenn Sie merken, dass Sie verärgert oder gestresst sind oder den anderen gerade mal wieder als den „Bösen" sehen, lassen Sie sich nicht zu einer unbedachten Reaktion hinreißen. Sagen Sie sich innerlich „Stopp!" und atmen Sie tief, ruhig und gleichmäßig. Zählen Sie dabei langsam innerlich, bis Sie merken, dass Sie ruhiger werden und wieder klar denken können. Das gilt nicht nur für den Borderliner, sondern auch für den Angehörigen, denn hitzige, vorschnelle Reaktionen sind von keiner der beiden Seiten gut!

Offenheit und Ehrlichkeit: Sprechen Sie beide klar und deutlich über Ihre Gefühle, Wünsche und Bedürfnisse und darüber, was Sie vom anderen erwarten. Bleiben Sie dabei immer freundlich und sachlich. Erzählen Sie sich gegenseitig auch, was Sie seit Ihrem letzten Treffen oder Gespräch erlebt haben, und haben Sie für den anderen ein offenes, verständnisvolles Ohr. Keiner von Ihnen braucht sich für etwas zu schämen und keiner sollte vor dem anderen etwas verheimlichen, denn Ehrlichkeit ist die Basis für Vertrauen.

Respekt und Verständnis: Versetzen Sie sich beide in den anderen hinein und sehen Sie die Dinge und Ihr Verhalten aus seiner Sicht. Erwarten Sie vom anderen nichts, was Sie selbst nicht tun, bzw. achten Sie darauf, dass beide gleichermaßen viel geben und bekommen. Gehen Sie zu jeder Zeit respektvoll und liebevoll miteinander um, auch bei Meinungsverschiedenheiten. Nehmen Sie gegenseitig Rücksicht, seien Sie beide gleichermaßen füreinander da, bedanken Sie sich und machen Sie dem anderen keine Vorwürfe. Besprechen Sie Probleme offen und sachlich, nicht in einer hitzigen Diskussion. Sagen und zeigen Sie dem anderen, dass Sie ihn lieben, wie er ist, und dass Sie ihn verstehen. Tolerieren Sie es auch gegenseitig, wenn der andere nicht reden möchte, für sich sein oder sich mit anderen Menschen treffen will, und seien Sie nicht misstrauisch oder eifersüchtig.

Versöhnung: Streit ist unvermeidbar, ob mit oder ohne Borderline. Wichtig ist, sich danach schnell wieder zu versöhnen und nicht nachtragend zu sein. Jeder von Ihnen sollte einsehen, was er falsch gesehen oder wo er überreagiert hat. Gehen Sie gegenseitig aufeinander zu und entschuldigen Sie sich beide für Ihren jeweiligen Teil. Verzeihen Sie von Herzen und besiegeln Sie Ihre Versöhnung durch eine liebevolle Umarmung.

Positiv in die Zukunft blicken: Glauben Sie daran, dass alles gut oder zumindest besser werden kann. Borderline kann überwunden werden, und wenn man sich wirklich liebt und respektiert, kann man das gemeinsam schaffen. Und das Leben kann auch trotz der Störung schön sein, wenn man die guten Phasen genießt und ausbaut.

Fazit

Am Ende dieses Buches angekommen, haben Sie erfahren und miterlebt, wie qualvoll, dramatisch und belastend das Borderline-Syndrom für den Erkrankten, aber auch für sein gesamtes soziales Umfeld sein kann. Aber es wurde vor allem auch aufgezeigt, dass man ganz gut damit zurechtkommen und die Erkrankung besiegen kann, wenn man beständig an sich arbeitet und an sich glaubt. Das soziale Umfeld kann hierbei eine wertvolle Unterstützung sein, die den Erkrankten auffängt und ihm Kraft gibt. Dies erfordert viel Toleranz und Einsatz, und vor allem benötigt man sehr viel Gelassenheit und Zuversicht.

In einer Partnerschaft, Freundschaft oder Familie sollten alle solidarisch miteinander sein und durch gute wie schlechte Zeiten zusammen gehen. Aber man muss auch beachten, dass das Verhalten des Erkrankten die Angehörigen oft an die Grenzen ihrer Belastbarkeit bringt. Deshalb darf Unterstützung niemals mit Aufopferung oder Selbstaufgabe verwechselt werden. Als Angehöriger eines Borderliners sollte man möglichst zu dem Erkrankten halten, aber man kann ihn nicht von seiner Störung befreien. Das muss er selbst tun, die Verantwortung dafür liegt in seinem eigenen Inneren, und genau dort liegt auch die Kraft dafür.

Eine Therapie und der richtige Umgang seiner Mitmenschen können ihm helfen, diese Kraft zu entdecken, sie auszubauen und den richtigen Weg zu finden. Die Schritte auf dem Weg muss er jedoch selbst tun. Bei aller Unterstützung muss man immer darauf achten, sich selbst nicht zu überlasten, sich seinen eigenen Freiraum und seine Lebensfreude zu erhalten, denn ansonsten riskiert man, selbst krank zu werden. Und das hilft niemandem. Jeder Angehörige muss für sich selbst entscheiden, ob er in der Lage ist, mit der Situation umzugehen und dem Erkrankten zu helfen, ohne sich selbst zu schaden. Wichtig ist vor allem auch, dass gegenseitiger Respekt besteht und dem Erkrankten sowie dem jeweiligen Angehörigen gleich viel daran liegt, die Herausforderung namens Borderline gemeinsam zu bewältigen, um die Partnerschaft, die Freundschaft oder das Familienleben positiver und harmonischer zu gestalten.

Sie haben in diesem Buch viele Tipps bekommen, wie Sie beiderseits miteinander umgehen sollten und gelassener, verständnisvoller, stärker und zuversichtlicher werden können. Beherzigen Sie sie jeden Tag. Es wird kein leichter Weg, aber es lohnt sich und jeder kleine Schritt ist eine Verbesserung. Jeder positive

Moment und jeder Teilerfolg kann bewirken, dass die negativen Denkstrukturen des Borderline-Syndroms immer weiter in den Hintergrund gedrängt werden, sodass die neuen, positiven Strukturen mehr Raum bekommen und vielleicht eines Tages die Störung ganz verschwindet.

Geben Sie niemals auf, und denken Sie daran: Jeder Mensch hat denselben Wert.

Quellen

• Amrhein, Dr. Christine: Schematherapie; https://www.therapie.de/psyche/info/index/therapie/schematherapie/artikel/.

• Ball, Daniela: Borderline: Wenn Hass und Liebe sich umarmen; https://www.u25-freiburg.de/infothek/borderline/.

• Bauer, Joachim: Das Gedächtnis des Körpers: Wie Beziehungen und Lebensstile unsere Gene steuern; Piper, 2015.

• Hüther, Gerald: Was wir sind und was wir sein könnten: Ein neurobiologischer Mutmacher; Fischer, 2011.

• Isatolo, Marie: Extreme der Borderlinestörung: Besser verstehen und bewältigen für Betroffene und Angehörige; BookRix, 2020.

• Müller, Thomas: Was bringen Psychopharmaka?; https://www.aerztezeitung.de/Medizin/Was-bringen-Psychopharmaka-296899.html.

• Neurologen und Psychiater im Netz: Entspannungsverfahren: Progressive Muskelentspannung; https://www.neurologen-und-psychiater-im-netz.org/psychiatrie-psychosomatik-psychotherapie/therapie/entspannungsverfahren/progressive-muskelentspannung/.

• Neurologen und Psychiater im Netz: Was ist eine Borderline-Persönlichkeitsstörung (BPS)?; https://www.neurologen-und-psychiater-im-netz.org/psychiatrie-psychosomatik-psychotherapie/stoerungen-erkrankungen/borderline-stoerung/was-ist-eine-borderline-persoenlichkeitsstoerung-bps/.

• Neuy-Bartmann, Dr. Astrid: ADHS und Persönlichkeitsstörungen; www.adhs-deutschland.de/Home/Begleitstoerungen/Persoenlichkeitsstoerungen/ADHS-und-Persoenlichkeitsstoerungen.aspx.

• Oberberg Kliniken: Dialektisch-Behaviorale Therapie; https://www.oberbergkliniken.de/therapien/dbt-therapie.

• Psychiatrienetz: Borderline-Persönlichkeitsstörung; https://www.psychiatrie.de/psychische-erkrankungen/borderline-persoenlichkeitsstoerung.html.

• Psychotherapie am Schlossplatz: TFP – Übertragungsfokussierte Psychodynamische Psychotherapie nach O. F. Kernberg; https://www.psychotherapie-schlossplatz.de/tfp-ubertragungsfokussierte-psychodynamische-psychotherapie-nach-o-f-kernberg/.

• Rehberg, Carina: Nebenwirkungen von Antidepressiva; https://www.zentrum-der-gesundheit.de/bibliothek/medikamente/antidepressiva-uebersicht/antidepressiva-nebenwirkungen.

• Rehberg, Carina: Psychopharmaka sind krebserregend; https://www.zentrum-der-gesundheit.de/news/medizin/allgemein-medizin/psychopharmaka-nebenwirkungen-krebs-15000053.

• Ruoss, Esther: Studien und Ergebnisse der Resilienzforschung; GRIN, 2007.

• Theodor-Wenzel-Werk e. V.: Borderline: Symptome, Diagnose, Therapieformen; https://tww-berlin.de/kliniken/krankheitsbilder/borderline#diagnose.

• therapie.de: Borderline; https://www.therapie.de/psyche/info/index/diagnose/persoenlichkeitsstoerungen/borderline/.

• Uniklinik Freiburg: Mentalisierungsbasierte Psychotherapie; https://www.uniklinik-freiburg.de/psychosomatik/links-zu-fachseiten/mentalisierungsbasierte-therapie-mbt.html.

• Vahid-Moghtada, Nikta: Medizin mit schlechtem Ruf; https://www.spiegel.de/gesundheit/diagnose/psychopharmaka-die-wichtigsten-fakten-zu-den-umstrittenen-medikamenten-a-1217803.html.

Wir danken Ihnen für Ihr Interesse und Ihr Vertrauen. Als Dankeschön dafür, haben wir eine besondere Überraschung. Wir haben wichtige Tipps zum Thema **Borderline, und wie die Kommunikation zwischen Betroffenen und Angehörigen funktioniert**. Und diese erhalten Sie vollkommen kostenlos. Das klingt wunderbar? Dann warten Sie nicht lange und holen Sie sich Ihr Gratis-Geschenk.

Hier geht es zu Ihrem Gratis-Geschenk:

https://forms.gle/WfC5c8ccUkS6dskf7

1. **Öffnen Sie die Kamera-App auf Ihrem Smartphone und richten Sie die Kamera auf den QR-Code.**
2. **Klicken Sie auf den Link, der Ihnen angezeigt wird und schon werden Sie zur Website weitergeleitet.**

Impressum

Verlag: Orbita Media Verlag GmbH & Co. KG / Ericusspitze 4 / 20457 Hamburg / Deutschland
Website: https://orbita-media.de
Cover Image: Shutterstock
ISBN: 9783989358270

Haftungsausschluss:
Die Nutzung dieses Buches und die Umsetzung der enthaltenen Informationen, Anleitungen und Strategien erfolgt auf eigenes Risiko. Der Autor kann für etwaige Schäden jeglicher Art aus keinem Rechtsgrund eine Haftung übernehmen. Haftungsansprüche gegen den Autor für Schäden materieller oder ideeller Art, die durch die Nutzung oder Nichtnutzung der Informationen bzw. durch die Nutzung fehlerhafter und/oder unvollständiger Informationen verursacht wurden, sind grundsätzlich ausgeschlossen. Rechts- und Schadenersatzansprüche sind daher ausgeschlossen. Dieses Werk wurde sorgfältig erarbeitet und niedergeschrieben. Der Autor übernimmt jedoch keinerlei Gewähr für die Aktualität, Vollständigkeit und Qualität der Informationen. Druckfehler und Falschinformationen können nicht vollständig ausgeschlossen werden. Es kann keine juristische Verantwortung sowie Haftung in irgendeiner Form für fehlerhafte Angaben vom Autor übernommen werden.

Die bereitgestellten Analysen, Vorschläge, Ideen, Meinungen, Kommentare und Texte sind ausschließlich zur Information bestimmt und können ein individuelles Beratungsgespräch nicht ersetzen. Alle Informationen dieses Buches entsprechen dem Kenntnisstand zum Zeitpunkt des Verfassens dieses Buches. Eine Haftung für mittelbare und unmittelbare Folgen aus den Informationen dieses Buches ist somit ausgeschlossen. Informieren Sie sich weitläufig aus unterschiedlichen Quellen und bedenken Sie, dass am Ende nur Sie für die Entscheidungen verantwortlich sind.

Haftung für externe Links
Unser Angebot enthält Links zu externen Websites Dritter, auf deren Inhalte wir keinen Einfluss haben. Deshalb können wir für diese fremden Inhalte auch keine Gewähr übernehmen. Für die Inhalte der verlinkten Seiten ist stets der jeweilige Anbieter oder Betreiber der Seiten verantwortlich. Die verlinkten Seiten wurden zum Zeitpunkt der Verlinkung auf mögliche Rechtsverstöße überprüft. Rechtswidrige Inhalte waren zum Zeitpunkt der Verlinkung nicht erkennbar.

www.ingramcontent.com/pod-product-compliance
Lightning Source LLC
La Vergne TN
LVHW010817051026
849532LV00007B/2559
* 9 7 8 3 9 8 9 3 5 8 2 7 0 *